Urnengräber schön gestalten

Mit Pflanzideen für das ganze Jahr

CHRISTIANE
JAMES

blv

Was Sie in diesem Buch finden

Feuerbestattung – Tradition & Moderne

Die Vielfalt der Urnengräber ist inzwischen groß und erlaubt individuelle Wahlmöglichkeiten. Ehe man sich für eine Grabart entscheidet, sollte man sich einige Fragen beantworten und die verschiedenen Aspekte gut abwägen.

Die wechselhafte Geschichte der Feuerbestattung

Die Geschichte der Feuerbestattung ist vermutlich so alt wie die Menschheit selbst. Das Verbrennen des Leichnams hat nicht nur hygienische Gründe: In vielen Religionen wird die Feuerbestattung mit der Reinigung von allen irdischen Lasten und Sünden gleichgesetzt. Mit der wachsenden Bevölkerung wurde allerdings das notwendige Holz immer knapper und teurer, so dass sich bereits vor der Zeitenwende

Die Schmuckurne kann auch aus Holz bestehen, viele Materialien werden mittlerweile angeboten.

nicht mehr jeder eine Feuerbestattung leisten konnte. Bis zum Aufkommen des Christentums blieb das Verbrennen des Leichnams in Mitteleuropa die gängigste Form der Bestattung. Das Christentum basiert auf dem Glauben an die Auferstehung – und die geht davon aus, dass der Körper in der Erde beigesetzt wird. Karl der Große ordnete im 7. Jahrhundert die Körperbeisetzung als die alleinige Form der Bestattung an. Diese Variante hielt sich in Deutschland bis Mitte des 17. Jahrhunderts.

Mit der Trennung von Staat und Kirche kam ein liberaleres Denken auf. Ende des 17. Jahrhunderts entstanden in Deutschland die ersten großen Krematorien. Allerdings sahen die Kirchen diese Entwicklung nicht gern. Bis in die 1960er Jahre hinein war die Feuerbestattung vor allem für die katholische Kirche nicht tragbar. Daher ist der Anteil an Urnenbeisetzungen im katholisch geprägten Süden Deutschlands niedriger als im protestantischen Norden.

Heute beträgt der Anteil der Feuerbestattungen im Bundesdurchschnitt knapp 50 Prozent. Seit Ende des vergangenen Jahrtausends steigt die Zahl der kleinen Gräber auf den Friedhöfen stetig an. Ein Grund dafür sind auch die geringeren Kosten für ein Urnengrab. Bei vielen Menschen steht die Kremierung außerdem in dem Ruf, sauber und praktisch zu sein und sie lässt noch eine Auswahl an unterschiedlichen Grabarten zu.

Der Ablauf einer Kremierung

Eine Feuerbestattung erfordert einen etwas anderen Ablauf als die traditionelle Erdbestattung. In der Regel wird der Sarg sofort nach der Trauerfeier ins Krematorium gebracht. Vor dem Verbrennen des Sarges ist eine zweite Leichenschau zwingend vorgeschrieben – damit soll verhindert werden, dass zum Beispiel Gewaltverbrechen unentdeckt bleiben. Nach einer Erdbestattung kann man den Körper exhumieren und erneut untersuchen, die Asche des Toten lässt solche Untersuchungen nur sehr eingeschränkt zu. Vor der Verbrennung wird dem Sarg ein nicht brennbarer Stein mit Namen und Lebensdaten des Verstorbenen beigelegt. Dieser Stein verhindert eine spätere Verwechslung der Asche.

Nach der Verbrennung wird die Asche in eine Metallkapsel gefüllt. Das ist die eigentliche Urne. Das Gefäß, das wir bei der Beisetzung sehen, ist die dekorative Überurne, die auch als »Schmuckurne« bezeichnet wird. Beide Gefäße werden beigesetzt. Je nach Auslastung des Krematoriums kann es bis zu mehreren Wochen dauern, bis die Verbrennung stattfindet. Viele Angehörige empfinden diese Wartezeit als einen besonders schmerzlichen Prozess – die erste intensive Phase der Trauer wird in der Regel erst mit der eigentlichen Beerdigung abgeschlossen. Häufig findet zur Beisetzung der Urne eine zweite, wenn auch kleinere Trauerfeier direkt am Grab statt. Bei der Wahl einer namenlosen Bestattungsart entfällt die zweite Feier selbstverständlich. Ganz gleich, für welche Urnengrabart man sich entscheidet, nach deutschem Recht müssen Urnen in der Erde eines Friedhofes bestattet werden – eine Ausnahme bildet lediglich die Seebestattung, die vor allem im Norden Deutschlands üblich ist. Urnen aus Kolumbarien und Grabeskirchen müssen nach Ablauf der Ruhefrist in Erde »nachbestattet« werden.

Die Entscheidung für eine Feuerbestattung muss zu Lebzeiten getroffen werden – das verlangt hierzulande auch der Gesetzgeber. Paare und einander nahestehende Menschen sollten sich rechtzeitig mit dem Thema beschäftigen. Im Falle des Todes, fallen die dann zu treffenden wichtigen Entscheidungen in der Ausnahmesituation der Trauer leichter.

Gemeinschaftlich gepflegte Urnengräber werden durch eine Bepflanzung verbunden, die ineinander übergeht.

Die Vielfalt der Urnengräber

Im Gegensatz zur Erdbestattung, bei der man oft nur zwischen zwei oder drei Varianten wählen kann, bietet ein Urnengrab auf modernen Friedhöfen deutlich mehr Auswahl. Die Bandbreite reicht mittlerweile vom klassischen Urnengrab über Rasengräber, Kolumbarien, Grabeskirchen und Bestattungswälder bis hin zu Aschestreufeldern, die in einigen Bundesländern ebenfalls erlaubt sind. Keinesfalls erlaubt ist es in Deutschland, eine Urne auf privatem Grund beizusetzen oder die Aschekapsel zu Hause aufzubewahren.

Die Klassiker

Das **Urnenreihengrab** ist das klassische Urnengrab. Diese Grabart ist auf den Friedhöfen allerdings immer weniger zu finden weil sie von den neuen Varianten zunehmend verdrängt

Urnenreihengräber stehen hier in ansprechender halbrunder Anlage am Hang. Diese Grabart erlaubt jedoch keine freie Wahl des Platzes.

wird. In einem Urnenreihengrab wird auf einem ausgewiesenen Feld der Reihe nach beerdigt. Eine Wahl des Platzes ist ebenso wenig möglich wie eine Verlängerung der vorgegebenen Ruhefrist. In der Regel sind in der Friedhofssatzung darüber hinaus die Größen der Grabzeichen festgelegt. Die Größen von Urnenreihengräbern können je nach örtlichen Gegebenheiten stark variieren, ein gängiges Maß sind 0,60 × 0,60 m. Die relativ kleine Fläche kann nach Wunsch mit Pflanzen gestaltet werden. Die Pflege ist Sache der Angehörigen, das Ablegen von Blumen auf dem Grab ist selbstverständlich möglich.

Das **Urnenwahlgrab** wird in der Regel als zwei- oder mehrstelliges Grab für mehrere Beisetzungen genutzt. Bei dieser Grabart kann der Platz gewählt werden, auch eine Verlängerung der Ruhefrist ist möglich. Urnenwahlgräber können deshalb auch Familiengräber sein, die von Generation zu Generation weitergegeben werden. Ein gängiges Maß für ein zweistelliges Urnenwahlgrab ist 1,25 × 1,25 m. Die Maße können nach örtlichen Gegebenheiten stark variieren. Das Grab kann nach individuellem Wunsch mit Pflanzen gestaltet werden, die Pflege ist Sache der Angehörigen. Das Ablegen von Blumen und Trauerspenden auf dem Grab ist selbstverständlich möglich.

Als Sonderform des Urnenwahlgrabes kann man auf vielen Friedhöfen **Erdwahlgräber** betrachten, denn häufig dürfen in ihnen zusätzlich zu den Särgen Urnen beigesetzt werden. Ist ein solches Grab in der Familie, lohnt sich eine entsprechende Anfrage bei der Friedhofsverwaltung.

Neue Angebote

Gemeinschaftsanlagen für Urnen gehören zu den neuen Angeboten auf den Friedhöfen. Sie werden unter regional sehr unterschiedlichen Bezeichnungen angeboten – im Norden kennt man sie als »Ruhegemeinschaften«, anderswo sind sie auch als »Partnergräber« oder »Gemeinschaftsgräber« bekannt. Immer werden in einem einheitlich gestalteten Grab mehrere Urnen beigesetzt. In der Regel werden diese Gräber als Komplettpakete mit Grabzeichen und der Bepflanzung und Pflege für die Dauer

»Memoriam-Gärten« gehören zu den neuen Angeboten bei den Gemeinschaftsanlagen.

der Ruhefrist verkauft. Namenlose Beisetzungen sind nicht möglich, Namen und Lebensdaten sind in der Regel verpflichtend. Einige Friedhofsträger bieten Gemeinschaftsanlagen auch für Partner an. Das Ablegen von Blumen ist auf speziellen Bereichen möglich.

»Memoriam-Gärten« und **gärtnerbetreute Felder**, die zum Teil auch unter anderen Namen angeboten werden, bieten Plätze für Urnen und Särge. In der Regel handelt es sich dabei um landschaftlich gestaltete Felder, die an kleine Parks innerhalb der Friedhöfe erinnern. Im weitesten Sinne sind diese Felder ebenfalls

Jeder Pflasterstein markiert den Ort einer Beisetzung an diesem Baumgrab.

Gemeinschaftsanlagen. Gelegentlich findet man sie auch zu bestimmten Themen zum Beispiel für die Fans eines Fußballvereines. Die Gräber werden als Komplettpakete mit Grabzeichen, Bepflanzung und Pflege für die gesamte Ruhefrist verkauft. Meist handelt es sich um Reihengräber, bei denen eine Platzwahl ebenso wenig möglich ist wie eine Verlängerung der Ruhefrist. Häufig ist das Ablegen von Blumenschmuck direkt am individuellen Grab möglich.

Baumgräber sind die Antwort der Friedhofsträger auf Waldbestattungen. Dabei werden Urnen an großen Bäumen auf dem Friedhof beigesetzt. Diese Gräber sind mit einer Tafel oder Plakette markiert, der genaue Ort der Beisetzung ist den Angehörigen bekannt. Baumgräber werden in der Regel vom Friedhofsträger gepflegt, das Ablegen von Blumen ist auf speziellen Plätzen möglich.

Rasengräber haben die Friedhöfe von Norden nach Süden erobert. Ursprünglich stammt die Idee Reihengräber auf Rasenflächen anzulegen und nur mit einer kleinen Namenstafel zu markieren aus Skandinavien. Hier wird der Reihe nach belegt, eine Platzwahl ist ebenso wenig möglich wie eine Verlängerung der Ruhefrist. Einige Friedhofsträger bieten Rasengräber auch für Partner als zweistellige Gräber an. Die Pflege, die hier im Wesentlichen im Mähen des Rasens besteht, übernimmt der Friedhofsträger. In der Regel ist das Ablegen von Blumen und Kerzen auf dem Rasen nicht erlaubt, weil es die Pflege behindert. Die Grabzeichen sind stark vereinheitlicht. Spielraum bei der Gestaltung haben die Angehörigen nicht.

Die Waldbestattung gibt es erst seit Mitte der 1990er Jahre in Deutschland. Dabei werden in ausgewiesenen Waldstücken Urnen unter Bäumen beigesetzt. In der Regel erwerben die Angehörigen bei den verschiedenen Anbietern der Waldbestattung einen Platz oder gleich einen bestimmten Baum als Familienbaum für mehrere Beisetzungen. Die Bäume können mit einer kleinen Plakette markiert werden. Eine Grabpflege ist laut deutschem Recht nicht erlaubt, die Pflege übernimmt die Natur. Bei der Entscheidung für eine Waldbestattung sollte die Erreichbarkeit der oft großen und abgelegenen Forsten unbedingt bedacht werden.

Namenlose Bestattungen, auch als »anonyme Bestattungen« bezeichnet, bieten mittlerweile viele Friedhofsträger an. Ohne dass die Angehörigen den genauen Ort der Beisetzung kennen, werden die Urnen gemeinsam auf einem Rasenfeld beigesetzt. Eine Nennung der Namen der Verstorbenen erfolgt in der Regel nicht, lediglich ein allgemeines Denkmal erinnert daran, das auf diesem Feld Menschen beerdigt wurden. Das Ablegen von Blumen ist auf speziellen Gemeinschaftsflächen möglich, individuelle Handreichungen am Grab entfallen hier ebenso wie eine individuelle Gestaltung oder Pflege.

Rasengräber bieten nur sehr eingeschränkte Möglichkeiten der Dekoration und wirken oft wenig individuell, da auch die Grabzeichen stark vereinheitlicht sind.

MEIN RAT

Nach wie vor wünschen sich viele Menschen eine Beerdigung auf der »grünen Wiese«, wie die namenlose Bestattung oft genannt wird. Doch bevor man sich dafür entscheidet, sollte man mit den Angehörigen sprechen. Gerade junge Menschen wünschen sich oft einen konkreten Platz in Form eines Grabes, an dem sie trauern können. Immer wieder taucht nach der schnellen und unbedachten Entscheidung für die namenlose Bestattung der Wunsch nach einer Umbettung auf. Diese sind jedoch aufwendig und werden nur selten erlaubt, weil sie letztlich auch eine Störung der Totenruhe bedeuten.

Auch auf Feldern mit namenlosen, also nicht gekennzeichneten Gräbern, findet man mitunter Ablageflächen für Blumen.

Formen ohne Grab

Die **Seebestattung** ist eine Besonderheit, die sich vor allem in den Küstenregionen findet. Diese Form der Bestattung hat sich aus der Tradition der Seefahrer entwickelt. Aus hygienischen Gründen mussten früher Menschen, die auf See starben, schnell beigesetzt werden. In bestimmten Gebieten werden von spezialisierten und dafür zugelassenen Reedereien Urnen ins Meer gelassen. Die Angehörigen können im Rahmen einer kleinen Trauerfeier auf hoher See Abschied nehmen. Als Erinnerung wird häufig eine Seekarte mit der Markierung des »Beisetzungsplatzes« angeboten. Die Beisetzung in Binnenseen oder Flüssen ist in Deutschland hingegen nicht erlaubt.

Kolumbarien oder **Urnenwände** finden sich mittlerweile auf vielen Friedhöfen. In den unterschiedlich großen Fächern besteht die Möglichkeit, eine oder mehrere Urnen während der Ruhefrist aufzustellen. Die Fächer sind mit Namensplatten versehen, eine direkte Dekoration am Grab selbst ist in den meisten Fällen allerdings untersagt. Nach dem Ablauf der Ruhefrist müssen die Urnen in Erde nachbestattet werden – dafür sorgt der Friedhofsträger. Der finanzielle Aufwand für den Bau eines Kolumbariums ist recht hoch.

Grabeskirchen gehören zu den neuesten Entwicklungen. Aus ehemaligen Kirchen entstehen große Kolumbarien oft mit mehreren Hundert Plätzen. Vorteil aus Sicht der Angehörigen: In den Gebäuden ist man vor Wind und Wetter geschützt. Das Ablegen von Blumen ist an speziellen Plätzen möglich. Namenlose Beisetzungen sind es in aller Regel nicht, dies widerspräche christlichem Verständnis. Wie in normalen Kolumbarien auf Friedhöfen müssen die Urnen nach Ablauf der Ruhefrist in Erde nachbestattet werden.

Aschestreufelder sind in einigen Bundesländern auf ausgewiesenen Flächen auf Friedhöfen zugelassen. Dort wird die Totenasche einfach verstreut und dann Wind und Wetter überlassen. Hinweise auf die dort Bestatteten gibt es nicht.

Diamanten, die aus dem Kohlenstoff produziert werden, der in der Asche enthalten ist, werden gelegentlich als Erinnerungsstücke angeboten. Sie sind in Deutschland zugelassen. Doch bei diesem Verfahren stellen sich Fragen: Ist es wirklich der Kohlenstoff aus der Asche des Verstorbenen? Glaubt man den Anbietern, wird nicht die gesamte Asche aus einer Urne verbraucht – was geschieht dann mit dem Rest? So schön die Vorstellung sein mag, einen Teil des Verstorbenen als Schmuckstück ständig bei sich zu tragen, so eigenwillig mutet doch das Verfahren bei der Produktion der Diamanten an. Wer ein Erinnerungsstück haben möchte, kann sich als Alternative auch eine Totenmaske anfertigen lassen. Dieser alte Brauch lebt zurzeit wieder auf und wird von verschiedenen Unternehmen angeboten.

Luft- und **Flussbestattungen** sind in Deutschland ebenso wenig zugelassen wie das Verstreuen von Totenasche auf Wiesen oder Feldern oder gar das Beisetzen im eigenen Garten. Mal abgesehen von der rechtlichen Seite, sollte man beim Liebäugeln mit solchen Bestattungsformen immer daran denken, dass Menschen nicht allein leben. Ist kein Ort der Beisetzung vorhanden, verwehrt man auch Freunden und Menschen aus dem sozialen Umfeld eine aktive Trauer. Ein Friedhof, der auch ein öffentlich zugänglicher Ort ist, ermöglicht jederzeit Besuche von jedem Menschen – das ist vielleicht seine wichtigste Funktion. Wer dort für ein gepflegtes Grab sorgt, trägt zum Erhalt dieses wichtigen Ortes bei.

Welche Grabart wählen?

Die Entscheidung für eine bestimmte Grabart ist in der Ausnahmesituation der ersten Trauer schnell gefallen. Doch man sollte bedenken: Mit dieser Wahl legt man sich für viele Jahre fest. Umbettungen sind aufwendig und sie werden nur sehr selten vorgenommen. Die Erfahrungen mit den neuen Grabarten haben in

Kolumbarien, auch als Urnenwände bezeichnet, gibt es mittlerweile auf vielen Friedhöfen. Nach Ablauf der Ruhefrist müssen die Urnen in Erde nachbestattet werden.

den letzten Jahren gezeigt, dass das Grab immer noch der wichtigste Ort für die Trauer ist. Auf Feldern mit namenlosen Bestattungen abgelegte Blumen und Lichter zeugen davon.

Mittlerweile gibt es auch auf kleinen Friedhöfen für Urnenbestattungen viele Alternativen. Wer ein pflegefreies Grab wünscht, sollte sich die verschiedenen Gemeinschaftsanlagen anschauen. Naturfreunde liebäugeln häufig mit der Waldbestattung. Doch diese Plätze sind oft abgelegen und einsam, vor allem ältere Menschen scheuen dann den Weg zum Grab. Wer sich für eine Bestattung außerhalb eines Friedhofes entscheidet, sollte wissen, dass die Gottesäcker mehr sind als nur Orte für die Toten: Friedhöfe sind wichtige soziale Treffpunkte für Angehörige, sie sind aber auch Refugien für die Natur in den dicht bebauten Städten und sie sind Oasen der Ruhe.

Für welche Grabart man sich letztlich entscheidet ist und bleibt eine Sache des persönlichen Geschmacks. Wer zum Beispiel gern selbst am Grab arbeiten möchte, wird sich immer für eines der traditionellen Urnenerdgräber entscheiden. Sie bieten zudem die Chance, das Grab sehr individuell und nach eigenem Geschmack zu gestalten. Kolumbarien sind für alle Angehörigen geeignet, die lediglich wissen möchten, wo die Urne während der Ruhefrist aufgewahrt wird. Pflege im Sinne von Trauerarbeit ist hier nicht notwendig. Wer den Gang ins Freie scheut, kann sich für eine der Grabeskirchen entscheiden.

Bevor man sich für eine Beisetzung außerhalb eines Friedhofes entschließt, sollte man allerdings die vorhanden Angebote auf dem Gottesacker prüfen – oft bieten sich dort bereits

Moderne Gemeinschaftsanlagen sind nicht einheitlich gestaltet, sie lassen auch bei der Grabgestaltung individuelle Wünsche und Dekorationen zu.

mehr Alternativen als man gemeinhin glaubt. Besonders in den letzten Jahren hat bei den Friedhofsträgern ein Umdenken stattgefunden und nicht mehr alles muss in Reih und Glied stehen. Auch bei den Satzungen tut sich mittlerweile einiges.

Die Vielfalt der Urnengräber auf einen Blick

Bezeichnung	Ruhefrist	Pflege	Ablegen von Blumen	Besonderheiten
Wahlgrab	verlängerbar	individuell	möglich	oft mehrere Beisetzungen möglich
Reihengrab	nicht verlängerbar	individuell	möglich	wenig Raum für Gestaltung
Gemeinschaftsanlage	in der Regel nicht verlängerbar	einheitlich durch Friedhofsgärtner	auf speziellen Flächen	häufig schöne und optisch ansprechende Anlagen
Baumgrab	nicht verlängerbar	durch Friedhofsträger	auf speziellen Flächen	Ort der Bestattung ist bekannt
Rasengrab	nicht verlängerbar	durch Friedhofsträger	gelegentlich geduldet	Rasenpflege oft schwierig
Waldbestattung	in der Regel 99 Jahre	nicht erlaubt	in der Regel nicht erlaubt	nur in ausgewiesenen Bestattungswäldern möglich
Namenlose Bestattung	nicht verlängerbar	nicht erwünscht	nur auf ausgewiesenen Flächen	genauer Ort der Beisetzung nicht bekannt, keine Kennzeichnung
Seebestattung	–	–	–	vor allem in den Küstenregionen verbreitet
Kolumbarium	in der Regel nicht verlängerbar	nicht erwünscht	nur auf ausgewiesenen Flächen	Nachbestattung nach Ablauf der Ruhefrist in Erde
Grabeskirche	in der Regel nicht verlängerbar	nicht erwünscht	nur auf ausgewiesenen Flächen	Nachbestattung nach Ablauf der Ruhefrist in Erde
Aschestreufeld	–	–	–	in einigen Bundesländern auf ausgewiesenen Flächen auf Friedhöfen möglich

Anmerkung: Auf vielen Friedhöfen sind Gemeinschaftsanlagen unter verschiedenen Begriffen wie »Ruhegemeinschaft« oder »Partnergrab« zu finden

Rechte: die Satzung

Die Satzung eines Friedhofes ist so etwas wie die – zugegebenermaßen oft strenge – Hausordnung für den Gottesacker. In der Satzung sind nicht nur die verschiedenen Grabarten, die Ruhezeiten und die Gebühren festgeschrieben. Dort ist auch vermerkt, wer auf dem Friedhof arbeiten darf, welche Grabzeichen aufgestellt werden dürfen und ob Gräber zum Beispiel eine Einfassung brauchen oder nicht. Außerdem findet man in der Satzung Erläuterungen zu bestimmten Grabarten. Diese sind vor allem für die mittlerweile vielen unterschiedlichen Arten von Urnengräbern wichtig.

Bei Rasengräbern ist zum Beispiel in der Regel das Aufstellen von Grabschmuck oder gar die

Auszüge aus der Satzung hängen an vielen Friedhöfen im Eingangsbereich aus.

Bepflanzung verboten, weil das die Pflege des Rasens behindert. Auch die Nischen in Urnenwänden oder Kolumbarien dürfen in der Regel nur eingeschränkt dekoriert werden. Friedhöfe sind zum einen Orte der Würde, zum anderen müssen dort viele verschiedene Menschen zu ihrem Recht auf Trauer kommen können. Damit sich niemand in seiner Pietät eingeschränkt fühlt, versuchen die Friedhofsverwaltungen möglichst viele Punkte in den Satzungen festzuschreiben.

In den letzten Jahren sind allerdings Lockerungen festzustellen. So ist es heute auf vielen Friedhöfen durchaus möglich, glänzende oder gläserne Grabzeichen zu errichten – das war in den 80er und 90er Jahren des vorigen Jahrhunderts auf den meisten Friedhöfen nicht erlaubt. In vielen Gemeinden gibt es heute mittlerweile ein Wahlrecht für einen bestimmten Friedhof nach eigenem Wunsch, auch das war früher kaum denkbar.

Häufig wird beim Erwerb eines Grabes von »Kauf« gesprochen, doch das ist im juristischen Sinne nicht richtig. Mit dem Bezahlen der Gebühren für ein Grab erwirbt man das Nutzungsrecht an einem Grab für eine bestimmte Zeit. Das Grundstück selbst bleibt immer im Besitz des Friedhofsträgers. Friedhofsträger sind Gemeinden, Kommunen und natürlich die Kirchen. Bei Wahlgräbern kann man das Nutzungsrecht durch »Nachkauf« verlängern, bei den meisten anderen Grabarten geht das nicht. Das Nutzungsrecht ist an die vorgeschriebene Ruhefrist gekoppelt. Je nach Bodenart beträgt die in Deutschland zwischen 15 und 25 Jahren, deutlich kürzere oder längere Ruhefristen sind aber in Ausnahmefällen ebenfalls zu finden. Vor allem beim Erwerb eines Wahlgrabes sollte geklärt sein, wer das Nutzungsrecht für das Grab übernimmt, wenn man es selbst nicht mehr pflegen kann.

Grundsätzlich dürfen Angehörige und Freunde am Grab arbeiten. Auch gegen gelegentliche Nachbarschaftshilfe, zum Beispiel in Urlaubs- und Krankheitszeiten, ist nichts einzuwenden. Doch wer in größerem Umfang gewerblich auf dem Friedhof tätig werden will, braucht eine Zulassung der Gemeinde oder der Friedhofsverwaltung. Zu den Berufen – den sogenannten Gewerken – die professionell auf dem Friedhof arbeiten dürfen, gehören Steinmetze und Friedhofsgärtner. Sie alle müssen sich bei ihrer Arbeit an bestimmte Regeln halten, um die Würde des Ortes zu wahren. Dazu gehört auch, möglichst wenig Lärm zu verursachen, bei Trauerzügen und Beisetzungen den notwendigen Abstand zu halten und trauernde Angehörige am Grab möglichst wenig zu stören. Auch wenn sich mittlerweile, besonders die großen

MEIN RAT

Häufig haben Trauernde mit den Vorschriften aus der Satzung Probleme. Deshalb ist es bei der Wahl einer bestimmten Grabart besonders wichtig, zuerst einen Blick in die Satzung zu werfen, um festzustellen ob das, was am Grab erlaubt ist, zu den eigenen Wünschen und Vorstellungen passt. Im Nachhinein lässt sich vieles leider nicht mehr ändern.

Friedhöfe in den Städten, in Parks mit immer weniger und kleineren Gräbern verwandeln, bleiben die Gottesäcker doch nach wie vor Orte der Ruhe.

Auch wenn viele Friedhöfe mittlerweile mehr an Stadtparks erinnern, bleiben sie doch Orte der Würde und der Ruhe.

Gestaltung und Pflege

Wegen der kleinen Fläche sind Urnengräber schwierig zu gestalten, doch die Grundregeln der Gestaltung gelten auch hier. Ein bewusster Umgang mit Farben und Formen führt zu einem gelungenen Erscheinungsbild.

Grundlagen der Gestaltung

Ganz gleich aus welchem Material das Grabzeichen beschaffen ist, es bildet als Denkmal immer den Mittelpunkt des Grabes.

Das Grabzeichen

Selbstverständlich muss das Grabzeichen von der Größe her zum kleinen Urnengrab passen. Nur wenn die Größenverhältnisse zwischen Grabstein und Grundfläche harmonieren, kann auch die Gestaltung gelingen. Ein Grabzeichen,

Zum Grabzeichen aus rötlichem Sandstein mit schöner Maserung harmoniert die farblich fein abgestimmte Bepflanzung.

das von seiner Grundfläche her für das Urnengrab zu groß ist, sorgt außerdem bei der Bepflanzung für Probleme: Es nimmt nicht nur viel Raum ein, der für die Pflanzen fehlt, sondern es sorgt auch dafür, dass nur wenig Erde im Grab verbleibt. Spätestens an den ersten warmen Frühlingstagen wird es dann schwierig, die Pflanzen noch ausreichend zu bewässern. Grabzeichen mit extremen Kontrasten, wie schwarze oder weiße Steine, sollten ebenso mit Bedacht gewählt werden wie Materialien mit glänzenden Oberflächen. Eine gute Gestaltung zu solchen Grabzeichen ist schwierig und auf den kleinen Urnengräbern besonders schwer umzusetzen.

Häufig werden für Urnengräber flache oder gar liegende Zeichen ausgesucht, weil man meint, dass die niedrigen Zeichen besser zu den kleinen Gräbern passen. Doch bereits bei der ersten Bepflanzung zeigt sich, dass diese Wahl die Gestaltung noch erschwert: Nur wenige Pflanzen lassen sich auf Dauer so niedrig halten, dass sie das Grabzeichen nicht überwachsen.

Die modernen Stelen scheinen auf den ersten Blick oft zu hoch für ein Urnengrab zu sein, doch sie passen mit ihrer geringen Grundfläche sehr gut auf diese Gräber. Bei der Bepflanzung muss man allerdings der Versuchung widerstehen, zum Beispiel mit einem hohen Gehölz »gegen« das Grabzeichen anzupflanzen. Das passiert selbst Fachleuten für Grabgestaltung, wie Friedhofsgärtnern, gelegentlich. Besser ist es, so ein Zeichen frei stehen zu lassen und für sich wirken zu lassen. Bereits mit den Farben, die für die Bepflanzung ausgewählt werden, erreicht man so gute Effekte, dass die hohen Pflanzen gemieden werden können.

Funktionen und Flächenaufteilung

Sieht man einmal von der Symbolik der Grabbepflanzung ab, hat das Grün auch eine technische Seite. Damit möglichst wenig Wildkraut auf dem Grab aufwachsen kann, bedeckt man den Boden am besten mit flach wachsenden Stauden oder Gehölzen. Diese »Bodendecker« können, wenn sie zum Standort passen, zehn Jahre und mehr auf dem Grab wachsen. Durch regelmäßigen Schnitt wird der Bodendecker in der gewünschten Höhe gehalten. Er bildet die ruhige Fläche, die einen Ausgleich zwischen dem Grabzeichen und dem oft bunten Pflanzbeet schaffen kann. Einmal richtig eingewachsen, sind die meisten Bodendecker einfach zu pflegen.

Als »Rahmenbepflanzung« werden alle Gehölze und Stauden bezeichnet, die das Grabzeichen unterstreichen oder das Grab wie einen Rahmen umgeben. Diese Pflanzen bringen eine gewisse Höhe in die Gestaltung. Bei den kleinen Urnengräbern sollte man jedoch sehr genau darauf achten, dass die Proportionen gewahrt bleiben.

Das Wechsel- oder Saisonbeet bringt den an die Jahreszeit angepassten farblichen Akzent auf das Grab. Das Wechselbeet kann viele Formen haben. Am schönsten und am ein-

fachsten zu pflegen sind jedoch klare geometrische Formen wie Kreis, Quadrat, Rechteck oder Raute. Je verspielter die Form des Wechselbeetes ist, desto größer sollte auch das Grab sein, damit die Form gut zur Geltung kommt. Bei den kleinen Urnengräbern bieten sich deshalb die klaren Formen an. Wer sich damit nicht anfreunden kann, sollte einmal über ein Wechselbeet nachdenken, das sich entlang eines flachen Grabzeichens zieht – das ist aus gestalterischer Sicht raffiniert, einfach zu handhaben und doch wirkungsvoll.

Bei der Gestaltung des Grabes kommt es auf das Einhalten von Proportionen an, deshalb

Stiefmütterchen umringen den Grabstein. Die Rahmenbepflanzung teilt die Fläche diagonal und trennt zwei verschiedene Bodendecker.

haben Fachleute wie die Friedhofsgärtner für die Bepflanzung grobe Richtlinien zur Orientierung entwickelt. Bei einem Urnengrab sollte der Bodendecker einen Anteil von rund 50 Prozent der Fläche einnehmen. Der Rest entfällt auf die Rahmenbepflanzung und auf das Wechselbeet sowie den Raum, den das Grabzeichen braucht. Häufig sieht man auf gut gestalteten Urnengräbern keine ausgesprochene Rahmenbepflanzung. Dann sorgt oft ein zweiter Bodendecker für die Strukturierung der Fläche. Das passt besonders gut zu flachen Grabzeichen.

Die größten Fehler

Zu viel, zu bunt, zu groß. So lauten die drei häufigsten Fehler, die dafür sorgen, dass bei der Gestaltung von Urnengräbern keine Harmonie entstehen kann. Dies sollte man immer vor Augen haben.

Zu viele verschiedene Pflanzen erzeugen optische Unruhe auf dem Grab – und die ist genau das Gegenteil einer gelungenen Gestaltung. Bereits mit zwei Pflanzenarten kann man eine sehr gute Wirkung erreichen: Als Bodendecker und für die Rahmenbepflanzung wählt man ein Gehölz, dazu kommt zu jeder Jahreszeit eine Art für die Bepflanzung des Beetes. Denkt man sich dazu noch Schnittblumen, die man gelegentlich zum Grab bringen möchte, hat man bereits sehr viele Farben und Formen versammelt.

Wer mit einem buntlaubigen Bodendecker arbeiten möchte, sollte Rahmengehölz und Beetbepflanzung auf jeden Fall mit einfarbigen Gewächsen versehen. Am besten ist es, wenn ein Farbton der gemusterten Pflanze bei den anderen wieder auftaucht. So erreicht man relativ einfach schöne Harmonien. Ist bereits das Grabzeichen intensiv gemustert oder hat es sehr intensive Farben, ist ebenfalls eine ruhige Gestaltung mit einfarbigen Pflanzen sinnvoll.

Zu große Pflanzen sind bei den meisten Urnengräbern ein Problem. Selbst Gehölze die man im passenden Kleinformat kauft, erreichen binnen weniger Jahre Höhen, die die Proportionen des Grabes sprengen. Es gibt aber sehr viele Gehölze und Stauden, die entweder ihr kleines Format behalten oder die sich durch Schnitt leicht im Zaum halten lassen. Besondere Vorsicht ist bei Nadelgehölzen angeraten – einige von ihnen wachsen extrem schnell. Da sich diese Gehölze im Gegensatz zu den Laubgehölzen nur widerwillig schneiden lassen, ist bei der Auswahl besondere Vorsicht angeraten. Sicherheitshalber einen Fachmann fragen und in einem guten Fachgeschäft einkaufen.

Der Goldene Schnitt

Immer wenn von einer guten Grabgestaltung die Rede ist, kommt der Begriff »Harmonie« auf. Damit sind die Proportionen der verschiedenen Bestandteile des Grabes gemeint. Mit Hilfe des sogenannten »Goldenen Schnitts« kann man diese Proportionen oder Größenverhältnisse ganz einfach ausrechnen.

Ein Beispiel: Die Stele auf dem Urnengrab hat eine Höhe von 100 cm, dazu soll jetzt ein passendes schmales Gehölz ausgewählt werden. Sind Gehölz und Grabzeichen gleich hoch, stimmt die Proportion nicht. Ist das Gehölz hingegen 70 cm hoch, passt das Größenverhältnis mit drei Dritteln der Stele zu zwei Dritteln des Gehölzes. Man könnte in diesem Fall auch ein deutlich höheres Gehölz wählen – es müsste dann mit gut 150 cm drei Drittel ausmachen und die Stele wäre mit ihren 100 cm mit zwei Dritteln beteiligt. In Zahlen ausgedrückt bedeutet das, dass beim ersten Beispiel die Stele den Faktor von 1,6 hat, die Pflanze entspricht dem Faktor eins. Beim zweiten Beispiel ist es genau umgekehrt.

Der Goldene Schnitt ist der Grund, warum wir zum Beispiel die Form eines Kranzes als ausgewogen empfinden. Der Kranzkörper entspricht

im Goldenen Schnitt dem Faktor eins, das Loch in der Mitte dem Faktor 1,6.

Mit Hilfe des Goldenen Schnitts lassen sich nicht nur Höhen berechnen, sondern auch die Flächenaufteilung kann damit harmonisch gestaltet werden. Mittlerweile werden Grabzeichen gerade bei kleinen Gräbern häufig mittig aufgestellt. Schaut man sich diese Gestaltungen genau an, kann man auch dort den Goldenen Schnitt erkennen. Mit dem Versetzen des Grabzeichens erreicht man mehr räumliche Tiefe auf dem Grab. Selbstverständlich werden dann auch die Bereiche hinter dem Grabzeichen mit Bodendeckern und Rahmengehölzen bepflanzt.

Die kleine Eiche passt nach der Faustregel des Goldenen Schnitts von der Höhe her sehr gut zum schmalen Grabzeichen.

Das sehr große Grabzeichen erschwert die Gestaltung, trotzdem gelingt hier Harmonie durch die runden Polster der Bepflanzung.

MEIN RAT

Wer sich bei der Gestaltung mit Farben noch nicht so sicher ist, wählt am besten einen Dreiklang aus dem Farbkreis. Der Dreiklang ist am einfachsten zu gestalten und kaschiert auch kleine Fehler bei den Proportionen.

- - - - - -   Komplementärkontraste

△   Farbdreiklang

‿   Farbverlauf

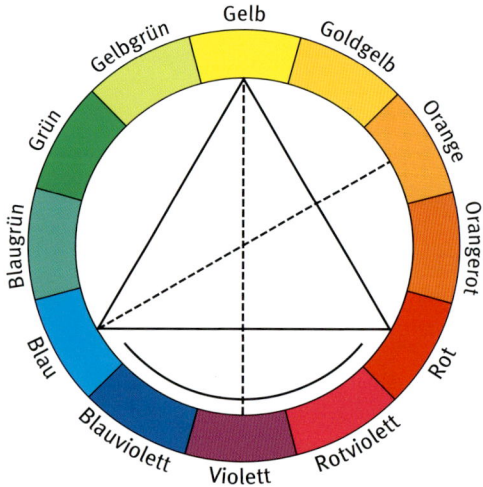

Mit Hilfe des Farbkreises lassen sich gefällige Farbharmonien und leuchtkräftige Kontraste schnell und leicht erkennen.

Mit Farben gestalten

Farben sind, neben den Proportionen, die wichtigsten »Hilfsmittel« für eine gute Gestaltung. Im Farbkreis sind alle wichtigen dargestellt. Farben, die in diesem Kreis nebeneinander liegen, ergeben schöne Harmonien, die aber auch eintönig und verwaschen wirken können, wenn man sie zu intensiv oder in der falschen Lichtsituation verwendet. Farben, die im Farbkreis gegenüber liegen, ergeben starke und leuchtende Kombinationen, sogenannte Komplementärkontraste. Diese Kontraste, zum Beispiel zwischen Grabzeichen und Bepflanzung, kann man bewusst einsetzen. Auf einem kleinen Urnengrab sollte man mit zu vielen harten Kontrasten allerdings vorsichtig sein, weil sonst die Farben die gesamte Gestaltung übertönen können. Farben, die im Farbkreis ein Dreieck bilden, ergeben einen harmonischen Dreiklang.

Darüber hinaus ist die Lage des Grabes für die Farbgestaltung sehr wichtig. Liegt das Grab in der vollen Sonne, bieten sich starke Farben und Komplementärkontraste an. In dieser Lage ist so viel Licht vorhanden, dass intensive Farbgebungen auch gut zur Geltung kommen. Ganz anders sieht es bei schattigen oder halbschattigen Lagen aus: Dort gibt es weniger Licht, entsprechend weich und fein sollte man die Farben wählen. Starke Farben leuchten im Schatten keinesfalls besser als in der Sonne, sie tragen auch nicht dazu bei, die Gestaltung aufzuhellen. Das erreichen an solchen Standorten nur helle und harmonisch aufeinander abgestimmte Farben. Starke Farben verstärken den Eindruck des Lichtmangels.

Wichtig: Der Lichteinfall auf dem Grab kann sich mit den Jahreszeiten und den Gehölzen, die in seinem Umfeld stehen, deutlich verändern. Deshalb vor der Wahl von Grabzeichen und Farben das Grab möglichst lange beobachten, um die Lage richtig zu beurteilen.

Mit Formen gestalten

Neben den Proportionen und den Farben spielen die Formen bei der Grabgestaltung eine wichtige Rolle. Dabei kann man sich gut am Grabzeichen orientieren: Ist es rund, bieten sich runde Formen wie Kreise oder Halbkreise bei der Bepflanzung an. Zu einem rechteckigen Zeichen passen hingegen geradlinige und rechteckige Gestaltungen besser. Gute Grabzeichen sind oft mit Symbolen versehen, deren Formen man ebenfalls aufgreifen kann. Besonders schön und harmonisch wirkt das, wenn man dazu noch die Farben aus dem Grabzeichen aufnimmt. Bei den kleinen Urnengräbern sollte man aber darauf achten, dass die Formen nicht zu fein und zu verspielt geraten – sonst wirkt das Ergebnis schnell unruhig und unharmonisch. Mit der gewählten Form kann man auch etwas über den Verstorbenen aussagen: Weiche und runde Formen gelten als weiblich, eckige und gerade als männlich!

Beliebte Elemente für die Grabgestaltung sind Hecken. Sie sollten auf keinen Fall bei einem Urnengrab verwendet werden und seien sie noch so klein und niedrig. Zum einen nehmen sie auf dem bereits sehr kleinen Grab viel Platz ein, der dann für die restliche Bepflanzung fehlt. Zum anderen nehmen Hecken den anderen Gewächsen immer Licht, hier können kaum andere

MEIN RAT

Beim Verwenden von christlichen Symbolen niemals Formen spiegeln oder anderweitig verändern. Das gespiegelte Kreuz gilt zum Beispiel als Teufelszeichen, das auf einem Friedhof fehl am Platze ist.

Pflanzen wachsen. Auch kleine Mauern und breite Kanten sind bei Urnengräbern aus diesem Grund äußerst kritisch zu sehen. Sie nehmen der Bepflanzung ebenfalls Licht und Platz und darü-

Die Form der Spirale aus dem Grabzeichen zieht sich durch die gesamte Gestaltung des Urnengrabes.

ber hinaus heizen sie sich, wenn sie aus Stein bestehen, an heißen Tagen so stark auf, das die Pflanzen in ihrer Nähe förmlich verbrennen.

Gruppieren und modellieren

Das Bilden von Gruppen aus drei oder fünf Pflanzen ist ein bewährter Trick der Gestaltung. Pflanzen wachsen in der Natur nicht allein, sie sind immer von anderen Gewächsen umgeben. Das kann man sich bei der Grabgestaltung zunutze machen und zum Beispiel mit Stauden oder Gehölzen schöne Akzente setzen. Gruppen aus unregelmäßigen Stückzahlen, sehen am besten aus – es sei denn, ein Mosaik- oder Karoeffekt ist gewünscht.

Wichtig bei Urnengräbern ist, dass die Gruppen nicht zu groß ausfallen, weil sie sonst die gesamte Gestaltung dominieren. Mit Gruppen kann man auch bei der Bepflanzung des Wechselbeetes arbeiten. So lassen sich zum Beispiel mit Eis-Begonien in verschiedenen Farben oder verschiedenen Fleißigen Lieschen relativ einfach sehr schöne Effekte erzielen.

Das Modellieren von Gräbern mit Hilfe zusätzlicher Erde gehört zu den neuen Techniken bei der Gestaltung. Wellen sind ebenso denkbar wie das Aufmodellieren eines kleinen Hügels. Mit dieser Technik bekommt das Grab eine dritte Dimension, die die gesamte Fläche lebendiger wirken lässt. Eine gute Modellierung ist ebenso haltbar wie eine glatt gestaltete Fläche.

Das Modellieren selbst verlangt viel Übung und Feingefühl – wer sich nicht daran traut, sollte lieber einen Fachmann wie den Friedhofsgärtner zu Rate ziehen. Allerdings gilt auch hier für Urnengräber: Weniger ist oft mehr. Klare Modellierungen wie einen einfachen Hügel immer den feineren vorziehen. Meist wird das Grabzeichen in die Modellierung mit einbezogen. Ist diese Technik bei der Gestaltung geplant, sollte auf jeden Fall der Steinmetz mit einbezogen werden, weil er das Grabzeichen dann am gewünschten Platz einsetzen kann.

Gestalten mit Symbolen

Ein liebevoll gestaltetes und gepflegte Grab an sich ist bereits ein Symbol: Es ist das für alle sichtbare Andenken an einen Menschen, der den Angehörigen nahestand. Diese Symbolik lässt sich mit der Sprache der Pflanzen noch verstärken. Bestimmte Pflanzen, Formen und Farben sprechen jeweils eigene Sprachen.

Bei den Pflanzen steht natürlich die Rose als Symbol der Liebe und Zuneigung an erster Stelle. Die Lilie gilt als die Blume der Reinheit und Jungfräulichkeit, gleichzeitig ist sie die Marienblume schlechthin. Disteln und Stechpalme symbolisieren Leid und Schmerz. Das Stiefmütterchen mit seinen dreigeteilten Blüten und die Golderdbeere mit ihrem dreigeteilten Laub stehen für die heilige Dreifaltigkeit.

Zu den wichtigen Formen, die als Symbole auf einem Grab erscheinen können, gehören natürlich das Kreuz – als stärkstes christliches Symbol – und der Kranz. Er ist eine Form ohne Anfang und Ende und steht für das unendliche

Leben. Das bedeuten auch die Buchstaben »A + O«, die man häufig auf Grabzeichen sieht. Sie sind der erste und letzte Buchstabe im griechischen Alphabet und stehen für Anfang und Ende des Lebens. Das Herz steht natürlich für Zuneigung, die Träne und der Tropfen für Trauer und Schmerz. Hängende Pflanzen gelten generell als Trauerformen, Dornen und Stacheln sind immer Ausdruck von Leid und Schmerz.

Auch Farben sprechen eine Sprache. Weiß steht für die Reinheit, die Jugend und den Frieden, Gelb für Sonne und Wärme. Rot und Orange

MEIN RAT

Ein in den Lieblingsfarben des Verstorbenen gestaltetes Grab ist ein besonders schönes Andenken.

symbolisieren Feuer, Liebe und Temperament. Violett ist die Farbe der Kirche. Grün steht für Leben und Entwicklung. Blau symbolisiert die Treue und das Wasser. Braun ist die Farbe der Erde und Bodenständigkeit und Schwarz ist in unserem Kulturkreis die Farbe der Trauer.

Die Ähren auf dem Grabzeichen symbolisieren den Beruf des Landwirts, der Schmetterling darüber ist das Zeichen der schwerelosen Seele.

Rund um die Pflege

Viele Menschen scheuen die Pflege eines Grabes wegen des vermeintlich hohen Aufwandes. Doch ein gut und passend zur Lage bepflanztes Grab ist viel leichter zu pflegen, als die meisten Menschen meinen.

Qualität kaufen

Ziel der Grabpflege ist es, die Pflanzen möglichst lange in der gewünschten Größe gesund zu erhalten. Grundlage dafür sind immer Pflanzen guter Qualität. Wer für das Grab einkauft, muss sich immer ins Bewusstsein rufen, dass die Pflanzen vom ersten Tag an im Freien stehen und Wind und Wetter ausgesetzt sind. Weiche und schnell herangezogene Gewächse

Damit dieses sorgfältig abgestimmte Herbstbeet lange erhalten bleibt, muss die Qualität der Pflanzen stimmen.

sind unter diesen Bedingungen sehr empfindlich – da sie kaum abgehärtet sind, werden sie schnell krank und unansehnlich. Gute Pflanzenqualitäten erkennt man am gedrungenen Wuchs sowie an festen Blättern und Stängeln. Vor allem die Gewächse für die Sommerbepflanzung sollten nicht zu früh gekauft und gepflanzt werden. Friedhöfe verfügen über eigene Kleinklimate. Auf den Gottesäckern ist es selbst in Städten oft um mehrere Grad kühler als in der bebauten Umgebung. Frostempfindliche Pflanzen, wie zum Beispiel Begonien oder Lieschen, können schon in einer kalten Mainacht so viel Schaden nehmen, dass sie sich nicht mehr gesund weiterentwickeln können.

Was für die Saisonbepflanzung gilt, gilt natürlich auch für die Dauerbepflanzung. Bei Bodendeckern und Rahmengehölzen lohnt sich der Blick auf die Qualität ganz besonders. Schließlich sollen sie zehn Jahre und mehr auf dem Grab wachsen. Bei Nadelgehölzen ist meist der Preis ein guter Anhaltspunkt: Langsam wachsende Koniferen, die für Urnengräber besonders gut geeignet sind, kosten mehr, weil sie auch länger in der Baumschule herangewachsen sind. Vorsicht bei Sonderangeboten! Oft werden dabei die besonders schnell wachsenden und für Urnengräber absolut ungeeigneten Nadelgehölze angeboten. Werden Gehölze als Bodendecker verwendet, vor allem auf wüchsige, noch nicht stark verholzte Qualitäten achten. Sie entwickeln sich auf dem Grab besser und bilden schnell den gewünschten grünen Teppich, der kein Wildkraut mehr durchlässt.

Der Schnitt

Der Schnitt des Bodendeckers ist die Arbeit, die bei der Grabpflege am meisten gefürchtet wird. Doch kein Grund zur Sorge, das Schneiden von Felsenmispel und Co. ist kein Buch mit sieben Siegeln!

Ende Juni und Anfang August sind die besten Zeitpunkte für den Schnitt der Bodendecker. Ziel des regelmäßigen Schnitts ist es, zum einen den Bodendecker kurz und dicht zu halten, damit er die Maße des Urnengrabes nicht sprengt. Zum anderen sorgt man mit dem regelmäßigen Stutzen für immer neue Austriebe und ein gleichmäßiges Wachstum. Dadurch bleiben die Pflanzen fit und lange gut in Form.

Am besten für den Schnitt geeignet ist ein bedeckter, nicht vollsonniger Tag. Denn durch das Schneiden kommen plötzlich Blattschichten ans volle Tageslicht, die noch recht weich sind – an heißen Tagen besteht dann die Gefahr von hässlichen Verbrennungen. Zum Schneiden eignen sich für die kleinen Gräber die klassischen Rosenscheren oder auch besonders kleine Heckenscheren. Wer Probleme mit den Händen oder Gelenken hat, legt sich einen Trimmer mit Akku-Betrieb zu. Damit geht der Schnitt leise und schnell von der Hand.

Bei jedem Schnitt werden nur die obersten Zentimeter des Bodendeckers entfernt. Niemals so tief schneiden, dass altes Holz herausschaut. Dann werden sich selbst Spindelstrauch und Felsenmispel mit dem Neuaustrieb schwertun. Bei der Arbeit darauf achten, dass die gewünschten Höhen eingehalten werden. Am

MEIN RAT

Wer nicht selbst schneiden will, überlässt diese Arbeit einem Friedhofsgärtner. Viele Betriebe bieten den Schnitt von Bodendeckern und Rahmengehölzen als Dienstleistung an.

besten immer wieder mal pausieren und das Grab aus verschiedenen Perspektiven und Abständen betrachten. So erkennt man schnell Unregelmäßigkeiten, die sich anfangs noch leicht korrigieren lassen. Besonders wichtig ist das Entfernen der Schnittreste vom Grab. Das geht am besten mit einer nicht zu harten Bürste. Die beliebten Laubbesen hinterlassen an Pflanzen mit weichem Laub gern Schäden – dann sieht die Fläche schnell unansehnlich und wie gerupft aus.

Die feinen Abstufungen im Bodendecker und in der Rahmenbepflanzung lassen sich nur mit regelmäßigem Schnitt erhalten.

Düngen, gießen und putzen

Das Gießen und das Putzen sind die wichtigsten Arbeiten bei der Grabpflege. An heißen Frühlingstagen, natürlich im Sommer, aber auch im Winter brauchen die Pflanzen auf dem Grab Wasser. In der warmen Jahreszeit leuchtet das ein, doch im Winter?

Die meisten immergrünen Pflanzen, die den Winter nicht überleben, vertrocknen, weil sie im Herbst und an sonnigen Wintertagen zu wenig Wasser zur Verfügung hatten. Deshalb alle immergrünen Pflanzen auf dem Grab im Herbst ausgiebig wässern. An frostfreien Tagen nach langen kalten Perioden kann eine zusätzliche Bewässerung im Winter erforderlich sein. Grundsätzlich gilt beim Gießen: lieber einmal durchdringend und gründlich wässern, als mehrfach mit wenig Wasser arbeiten.

Wenn die Sommerbepflanzung den Bodendecker überwächst, sind Schäden am grünen Teppich vorprogrammiert.

Vorsicht ist in sonnigen Lagen und an heißen Tagen im Sommer geboten: Dann können stehende Wassertropfen wie Brenngläser auf Blüten und Blättern wirken und für hässliche Schäden sorgen.

Nach dem Gießen ist das Ausputzen von verblühten und zu lang gewordenen Pflanzen die wichtigste Arbeit bei der Grabpflege. Vor allem im Sommer steht diese Pflegemaßnahme auf dem Programm. Dabei vor allem darauf achten, dass die Pflanzen des Wechselbeetes nicht über den Bodendecker wachsen. Das sorgt für Schäden, die sich nur mit großem Aufwand reparieren lassen. Eis-Begonien und Fleißige Lieschen, die im Laufe des Sommers zu lang werden und zu kippen drohen, kann man einfach 10 cm über dem Boden abschneiden. Binnen weniger Wochen bauen sich die Pflanzen nach dieser Behandlung neu auf und blühen dann bis in den Herbst hinein.

Das Düngen spielt bei der Grabpflege nur eine untergeordnete Bedeutung. Die Pflanzen sollen ja möglichst langsam wachsen und kompakt bleiben, also ernährt man sie auch nicht zu üppig. Eine Grunddüngung mit einem Mehrnährstoffdünger im Frühjahr reicht für die Dauerbepflanzung aus. Die Pflanzen auf dem Wechselbeet bringen in ihren Erdballen bereits viele Nährstoffe für das Leben auf dem Grab mit. Mit der Sommerbepflanzung sollte die Erde auf dem Beet erneuert werden, dann kann man einen langsam frei werdenden organischen Dünger in das Beet einarbeiten. Frühjahrs- und Herbstbepflanzung brauchen dann keine weitere Ernährung. Sie verbleiben ohnehin nicht so lange auf dem Grab.

Kalender der Grabpflege im Jahreslauf

Januar

- An frostfreien Tagen immergrüne Gehölze gießen

Februar

- Ab Ende Februar Winterabdeckung vom Grab entfernen

März

- Zeit für die Frühlingsbepflanzung auf dem Wechselbeet
- Gräser bis auf den Boden zurückschneiden
- Vorjähriges Laub von Bodendecker-Stauden entfernen

April

- Pflanzen auf dem Wechselbeet regelmäßig bewässern
- Zeit für Grunddüngung von Bodendecker und Rahmengehölzen
- Ab Ende des Monats bis Ende Mai beste Zeit für Neuanlagen

Mai

- Nach den Eisheiligen Zeit für die Sommerbepflanzung
- Bei Rhododendron nach der Blüte Verblühtes ausbrechen

Juni

- Frostempfindliche Sommerblumen pflanzen
- Beet regelmäßig gießen
- Verblühtes ausputzen
- Zeit für den ersten Schnitt des Bodendeckers

Juli

- Zu lang gewordene Sommerblumen auf 10 cm über dem Boden stutzen
- Edelrosen nach dem ersten Flor leicht zurückschneiden
- Das gesamte Grab regelmäßig gießen

August

- Zeit für den zweiten Schnitt des Bodendeckers
- Guter Termin für größere Reparaturen an Bodendecker oder Rahmenbepflanzung
- Das gesamte Grab regelmäßig gießen

September

- Ab Ende des Monats Beginn der Herbstbepflanzung
- Bodendecker oder Rahmenbepflanzung vor dem Winter nicht mehr düngen

Oktober

- Herbstbepflanzung vervollständigen und abschließen
- Erstes Laub vom Grab entfernen

November

- Winterabdeckung in Betracht ziehen
- In trockenen Jahren Dauerbepflanzung gründlich wässern
- Erste erfrorene Pflanzen aus dem Wechselbeet entfernen
- Ende des Monats Falllaub gründlich und restlos vom Grab entfernen

Dezember

- Eventuell vorhandene Winterabdeckung auf Vollständigkeit überprüfen
- Alle frostempfindlichen Pflanzen vom Grab entfernen

15 Beispiele für die Gestaltung

Ob klassisch schlicht, modern oder verspielt – ein Urnengrab kann Verschiedenes ausdrücken. Letztlich entscheidet der persönliche Geschmack. Vielleicht gelingt aber auch ein Bezug zur verstorbenen Person.

Für Paul den Punker

Geschichte: Paul starb jung an seiner chronischen Krankheit. Er wusste um seinen Zustand und genoss das Leben umso mehr bei Rockkonzerten, als Punker auf der Straße und bei vielen anderen Dingen, die junge Leute gern tun. Dieses Grab, bei dem bereits das ungewöhnliche Zeichen ins Auge fällt, spiegelt mit der eigenwilligen Pflanzenwahl Pauls Leben wider.

Grabzeichen und Gestaltung: Das Leben und die Persönlichkeit Pauls zeigen sich in seinem Urnengrab. Bereits das Grabzeichen mit den großen Ringen erinnert an den Ohrschmuck des Punkers Paul. Das Denkmal besteht aus Schieferplatten und wurde leicht in die Mitte des Grabes gerückt. Das gesamte Grab ist wie ein Hügel modelliert. Dieser Entwurf folgt den klassischen Linien. Trotzdem wirkt das Grab modern und ausgefallen. Das liegt zum einen am ungewöhnlichen Grabzeichen, zum anderen an der Pflanzenwahl. Sukkulente findet man zum Beispiel ebenso selten in der Bepflanzung von Gräbern wie Freilandorchideen. Da beide Pflanzenarten winterhart sind, sind sie aber gute Alternativen. Das Grab für Paul zeigt, was man allein mit einer geschickten Auswahl der Gewächse und dem Hilfsmittel der Modellierung erreichen kann. So eine Anlage ist kaum teurer als Andere, sie verlangt vom Angehörigen einfach den Mut ungewöhnliche Wege zu gehen.

Dauerbepflanzung: Als Bodendecker wurde das graulaubige Katzenpfötchen *(Antennaria dioica)* verwendet. Diese Staude mag magere und durchlässige Böden an warmen Standorten. Die Rahmenbepflanzung besteht aus Freilandsukkulenten, die auch bei uns den Winter ohne Schaden überstehen. Als Rahmengehölz wurde eine eigenwillig gewachsene Eibe *(Taxus baccata)* verwendet.

Frühlingsbepflanzung **1** : Ein Band aus kleinblumigen Stiefmütterchen in einem modernen Beerenton legt sich über den Grabhügel.

Sommerbepflanzung **2** : Die Mischung aus verschiedenen Polsternelken *(Dianthus)*, dem

Elfenspiegel *(Gaura)*, den ungewöhnlichen Freiland-Frauenschuh-Orchideen *(Cypripedium)* und den als Akzent verwendeten gelben Wandelröschen *(Lantana camara)* sorgt für Farbe. Am Rande des Grabzeichens blühen die ersten Sukkulenten aus der Rahmenbepflanzung. Die rosa Farben auf dem Wechselbeet harmonieren vor allem zur Blütezeit des Katzenpfötchens im Frühsommer mit dessen rosa Flor.

Herbstbepflanzung 3 : Leuchtend rote Alpenveilchen *(Cyclamen),* orangefarbene Zierpaprika *(Capsicum)*, Silberblatt *(Calocephalus)*, Opuntien *(Opuntia)* und Süßkartoffeln *(Ipomea)* stellen die herbstliche Mischung dar.

Standort: Sonnig und trocken.

Tipp: Bei dieser Gestaltung wurde die Eibe in der Rahmenbepflanzung gemäß den Regeln des Goldenen Schnitts auf 100 Prozent gesetzt, deshalb wirkt diese Gestaltung harmonisch, obwohl das Gehölz höher ist als das Grabzeichen. Dieses ungewöhnliche Vorgehen passt gut zur Lebensgeschichte.

Für einen Seemann

Geschichte: Der Verstorbene war von Beruf Seemann, er liebte das Meer. Sein Grab, so sein Wunsch, sollte an Land sein, aber deutlich auf seine große Liebe hinweisen.

Grabzeichen und Gestaltung: Das helle, aber nicht grellweiße Grabzeichen hat die Form eines Schiffes. Bewusst liegt es wie ein gestrandetes Schiff auf der Seite, sodass man nicht in sein Inneres schauen kann. Diese Lage ist das Symbol für die Endgültigkeit des Todes. Ein dickes Tau – Tampen –, das um das Grabzeichen geschlungen wurde, verbindet es symbolisch mit der Bepflanzung. Das gesamte Grab ist leicht modelliert, die angedeutete Welle ist jedoch gepflanzt.

Dauerbepflanzung: Als Bodendecker wurde im Vordergrund der kleinblättrige Spindelstrauch *(Euonymus fortunei* 'Minimus') verwendet, vor und hinter dem Grabzeichen wächst sein weiß-bunter Verwandter 'Emerald Gaiety'. Die Rahmenbepflanzung bilden ein Gras *(Carex)* und kleine Muschelzypressen *(Chamaecyparis obtusa* 'Nana Gracilis').

Wechselbeet: Diese Sommerbepflanzung besteht aus weißen Hortensien *(Hydrangea)* und blauem Männertreu *(Lobelia erinus)*. Das Beet wird von graulaubigen Echeverien umrahmt – das unterstreicht den Eindruck einer Welle noch zusätzlich. Im Frühling passen weiße und blaue Stiefmütterchen *(Viola)* gut zu dieser Gestaltung, im Herbst können weiße Alpenveilchen *(Cyclamen)* und blauer Enzian *(Gentiana)* einen ähnlichen farbigen Eindruck vermitteln.

Standort: Halbschattig.

Tipp: Das höchste Element auf diesem Grab ist das Gras. Weil es mit seinen Halmen leicht und spritzig wirkt wie eine Fontäne, trägt es zur Optik von Wellen und Meer bei.

Für den kleinen Robert

Geschichte: Robert wurde nur wenige Monate alt. Er starb bei einem tragischen Unfall. Seine Geschwister wünschten sich ein Grab, das sie auch gern besuchen. Dieser Wunsch ist keineswegs abwegig, Kinder gehen mit dem Thema »Tod« häufig viel unbefangener und natürlicher um als Erwachsene.

Grabzeichen und Gestaltung: Das relativ umfangreiche Grabzeichen enthält als spielerisches Element eine umlaufende Murmelbahn, die immer mit ein paar bunten Kugeln versehen ist, die zum Spielen einladen. Spielen am Grab bedeutet in diesem Fall auch Gedenken an Robert. Das Grab wurde nur sehr leicht modelliert, das Grabzeichen steht exakt in der Mitte des Grabes.

Dauerbepflanzung: Als ungewöhnlicher Bodendecker wurde hier der Frauenmantel *(Alchemilla)* verwendet. Die Rahmenbepflanzung, die sich hinter dem Grabzeichen entlang zieht, besteht aus Schattenglöckchen *(Pieris japonica)* mit weißbuntem Laub und rötlichem Austrieb.

Wechselbepflanzung: Für den Frühling wurden bunte Kissen-Primeln *(Primula vulgaris)* und vorgetriebene gelbe Tulpen verwendet. Das Wechselbeet zieht sich wie die Murmelbahn um das gesamte Grab.

Standort: Halbschattig bis Schattig.

Tipp: Primeln können bei launischem, nassem Frühlingswetter schon einmal versagen. Eine gute Alternative ist eine bunte Mischung aus kleinblumigen Stiefmütterchen *(Viola*-Cornuta-Hybriden). Für die Sommerbepflanzung bieten sich an diesem Standort entweder bunt gemischte kleinblumige Petunien oder die fröhlich bunten Gauklerblumen *(Mimulus)* an. Im Herbst kann dann leuchtend bunter Zierpaprika *(Capsicum)* für Aufmerksamkeit sorgen.

Für einen geradlinigen Maler

Geschichte: Hans W. war von Beruf Maler. Privat galt er seinen Freunden als besonders geradlinig. Diese Gestaltung symbolisiert Beruf und Wesen des Verstorbenen.

Grabzeichen und Gestaltung: Das Grabzeichen aus dem farbigen Regenbogen-Sandstein ist durch gerade Linien gekennzeichnet. Einige davon sind farbig hervorgehoben – diese Markierungen wurden in der Gestaltung aufgenommen.

Dauerbepflanzung: Bei dieser Gestaltung kommen mit dem Dickmännchen *(Pachysandra terminalis),* der Teppichbeere *(Gaultheria procumbens)* und der Felsenmispel *(Cotoneaster dammeri)* gleich drei Bodendecker zum Einsatz. Die Rahmenbepflanzung bilden immergrüne Heide am Grabzeichen sowie ein Fächer-Ahorn *(Acer palmatum)*, der für Höhe sorgt.

Wechselbeet: Passend zum Grabzeichen wurde das Beet in farbigen Streifen gestaltet. Gelbe Stiefmütterchen *(Viola*-Wittrockiana-Hybriden), blaue Traubenhyazinthen *(Muscari armeniacum)* und rosa Ranunkeln *(Ranunculus asiaticus)* nehmen die Farben aus dem Grabzeichen auf.

Standort: Halbschattig, schattig für die Teppichbeere, die Heide braucht sauren, humosen Boden.

Tipp: Man könnte das Ahorn-Stämmchen auch durch ein deutlich kleineres ersetzen, um den schönen Stein noch besser zur Geltung kommen zu lassen.

Für die ordnungsliebende Ruth

Geschichte: Ruth H. starb im gesegneten Alter von 90 Jahren. Die ehemalige Lehrerin legte besonderen Wert auf Ordnung und Struktur. Die symmetrische Gestaltung ihres Grabes zeichnet sich ebenfalls durch klare Linien aus.

Grabzeichen und Gestaltung: Das helle Grabzeichen, das im Zentrum eine Treppe enthält, die die verschiedenen Stufen des Lebens symbolisiert, steht am klassischen Platz: mittig am hinteren Ende des Grabes. Bis auf den Bodendecker neben dem Grabzeichen wurde das Grab flach gearbeitet.

Dauerbepflanzung: Die Felsenmispel *(Cotoneaster dammeri)* im Vordergrund und der extrem langsam wachsende Schlangenbart *(Ophiopo-*

gon japonicus) neben dem Grabzeichen teilen sich die Bodendeckerrolle. Als Rahmengehölze dienen zwei Buchsbäumchen *(Buxus sempervirens)*, die sich dem Grabzeichen unterordnen.

Wechselbeet: Leuchtend rote Flammende Käthchen *(Kalanchoe)* und dazwischen das Punktblatt *(Hypoestes phyllostachya)*, mit dem auffällig gemusterten Laub, gehen auf dem Beet eine dezente und doch farbig ansprechende Kombination ein.

Standort: Halbschatten und Schatten.

Tipp: Dieser Entwurf lebt von seiner Geradlinigkeit und der exakten Pflege. Nur wenn das Grab auf Dauer sorgfältig geschnitten wird, bleibt der gewünschte Eindruck auch erhalten.

Für einen tapferen Soldaten

Geschichte: Fritz S. arbeitete als Senior-Sprengstoffexperte in Afrika. Bei einem Unfall während der Bergung einer alten Landmine kam er ums Leben. Sein Grabzeichen erinnert in der Form an die gefährliche Arbeit, der der Verstorbene zeit seines Lebens nachging.

Grabzeichen und Gestaltung: Das flache Grabzeichen mit dem goldenen Namensband wurde bewusst auf die linke Seite des Grabes verschoben – so bleibt mehr Platz für das gewünschte, etwas größere Wechselbeet. Das gesamte Grab ist flach gearbeitet.

Dauerbepflanzung: Mit dem gelbblättrigen Spindelstrauch *(Euonymus fortunei* 'Emerald 'n' Gold') als bodendeckende Pflanze und der Muschelzypresse *(Chamaezyparis obtusa* 'Nana gracilis') als Hochstämmchen kommt das Grab in seiner Grundgestaltung mit zwei Pflanzenarten aus.

Frühlingsbepflanzung **1**: Blaue kleinblumige Stiefmütterchen *(Viola*-Cornuta-Hybriden), bei denen die gelben »Gesichter« einen freundlichen Eindruck vermitteln und wirkungsvoll mit den gelben Blattanteilen des Spindelstrauchs korrespondieren, bilden das Frühlingsbeet.

Sommerbepflanzung **2**: Rosa blühende *Dipladenia* und Grünlilien *(Chlorophytum comosum)*, die sie umranden, kommen mit den hohen Temperaturen an diesem Standort gut zurecht.

Herbstbepflanzung **3**: Das Beet besteht aus kräftig rosafarbenen Alpenveilchen *(Cyclamen)*, die den blühenden Akzent in das Rondell aus zierlichem Silberblatt *(Calocephalus)* und graulaubigem Dickblatt *(Crassula)* als Umrandung setzen.

Standort: Vollsonnig, halbschattig.

Tipp: Nur wenige Blütenpflanzen kommen an extrem heißen Standorten so gut zurecht, wie die bei Wärme willig blühende *Dipladenia*, die aber auch im Halbschatten bei ausreichender Wärme noch gut gedeiht. In sehr nassen und feuchten Sommern können die schönen Blumen aber auch versagen. Dann blühen sie nur widerwillig und die Triebe neigen zum Faulen. Neben den hier verwendeten rosa *Dipladenia* sind mittlerweile sehr dekorative weiße und kräftig rote Sorten im Angebot. Eine Alternative für einen sehr heißen Standort wären Eis-Begonien *(Begonia*-Semperflorens-Hybriden).

Für einen Asien-Fan

Geschichte: Die Verstorbene reiste sehr gern, zu ihren Lieblingszielen gehörten Asien und insbesondere Japan. Freunde und Bekannte erinnern sich an sie vor allem in ihrer Lieblingsfarbe Weiß – im asiatischen Kulturkreis auch die Farbe der Trauer. Deshalb spielt Weiß bei der Gestaltung dieses Grabes immer eine wichtige Rolle.

Grabzeichen und Gestaltung: Der helle Stein mit den japanischen Schriftzeichen trifft die Vorliebe der Verstorbenen für Weiß sehr gut. Das gesamte Grab ist leicht modelliert, das Grabzeichen wurde in das hintere Drittel des Grabes gestellt, um mehr räumliche Tiefe bei der Gestaltung zu erreichen.

Dauerbepflanzung: Als Bodendecker wurde der kleinblättrige Spindelstrauch (*Euonymus fortunei* 'Minimus') ausgewählt. Als zweiter Bodendecker zieht sich Buchsbaum (*Buxus sempervirens*) entlang des Grabzeichens. Die Rahmenbepflanzung besteht aus breitblättrigem Buchsbaum (*B. sempervirens* 'Rotundifolia') .

Wechselbeet: Im Wechselbeet findet sich mit dem fast schwarz belaubten Schlangenbart (*Ophiopogon planiscapus* 'Niger') eine interessante Staude, die einen starken Kontrast zu den cremefarbenen Elatior-Begonien herstellt. Das buntlaubige Papageienblatt (*Alternanthera ficoidea*) sorgt im Sommer für Farbe auf dem Grab.

Standort: Halbschatten.

Tipp: Trotz des sehr hellen Grabzeichens stimmt die Harmonie der Farben, weil für das Saisonbeet nie reines Weiß, sondern immer gebrochene Töne wie Creme ausgewählt werden. Grabzeichen in so hellen und grell leuchtenden Tönen sind bei Gestaltern gefürchtet, weil sie einen Entwurf gern dominieren. Hier kommen noch die recht dunkel wirkenden Gewächse in der Rahmenbepflanzung hinzu, die den Kontrast noch verstärken. Dank des Wechselbeetes werden diese Wirkungen gegeneinander aufgehoben. Dabei ist es immer wichtig, auf dem Beet einen klaren und starken Akzent zu setzen. Wäre er aber zu stark, wie es zum Beispiel bei der Verwendung von reinem Weiß geschehen würde, käme der gesamte Entwurf nicht gut zur Geltung. Die Auswahl für das Wechselbeet verlangt deshalb zum einen Mut, zum anderen schränkt sie wegen der wenigen infrage kommenden Farbtöne die Wahl auch stark ein.

Für den Kreativen

Geschichte: Der Verstorbene war Künstler, Freunde behaupten auch, er war ein kreativer und manchmal etwas chaotischer Lebenskünstler. Sein Grab, das war den Angehörigen wichtig, sollte keine herkömmliche Ordnung aufweisen.

Grabzeichen und Gestaltung: Die mit Glassplittern besetzte Stele weist eine deutliche Vorderseite auf, deshalb konnte sie leicht schräg in das Grab eingesetzt werden. Das Grab ist flach gestaltet. Die unterschiedlichen Höhen bringen allein die verwendeten Pflanzen ins Spiel. Ihre Vielfalt drückt die vielen Leidenschaften aus, denen der Verstorbene nachging.

Dauerbepflanzung: Als Bodendecker wurden verschiedene Sorten des Spindelstrauches *(Euonymus fortunei)* sowie die Laugenblume *(Leptinella squalida)* verwendet. Die bewusst niedrige gehaltene Rahmenbepflanzung besteht mit Schwarzem Schlangenbart *(Ophiopogon planiscapus* 'Niger') und der Fuchsroten Segge *(Carex buchananii)* ausschließlich aus Stauden.

Wechselbeet: Gauklerblumen *(Mimulus)* in verschiedenen Farben vermitteln im Sommer einen fast fröhlichen Eindruck.

Standort: Schatten.

Tipp: Für ein Urnengrab wurden hier ungewöhnliche viele Arten verwendet, dank der guten Farbabstimmung kommt aber keine Unruhe auf.

Für ein Paar mit Familie

Geschichte: Hildegard und ihr Ehemann waren ein Paar, dem Familie und ein gemütliches Zuhause besonders wichtig waren. Gern versammelten sie die große Familie um sich.

Grabzeichen und Gestaltung: Das moderne dreigeteilte Grabzeichen aus Metall und Stein erinnert an einen Stammbaum. Die Zahl Drei steht in der Symbolik unter anderem für Zukunft, Gegenwart und Vergangenheit. Das Grab wurde nur sehr leicht zum mittig stehenden Grabzeichen hin modelliert. Hier sind es vor allem die Pflanzen, die die räumliche Tiefe schaffen.

Dauerbepflanzung: Die Rebhuhnbeere *(Mitchella repens)* und die grün-weiße Gänsekresse

(Arabis caucasica) bilden die beiden Bodendecker. Als Rahmenbepflanzung wurden zwei Zwerg-Hemlocktannen *(Tsuga canadensis* 'Jeddeloh') gewählt.

Frühlingsbepflanzung **1** : Zweifarbige kleinblumige Stiefmütterchen *(Viola-*Cornuta-Hybriden*)* ergießen sich wie ein Fluss aus der Mitte des Grabzeichens heraus.

Sommerbepflanzung **2** : Rosa und Weiße Edellieschen *(Impatiens-*Neuguinea-Hybriden*)* wurden bewusst nicht bunt gemischt, sondern in zwei Blöcken eingesetzt.

Herbstbepflanzung **3** : Rosa und weiße Alpenveilchen *(Cyclamen)* wechseln sich mit kleinblumigen Chrysanthemen *(Chrysanthemum-*Indicum-Hybriden*)* ab. Die zierlichen Gräser verleihen dem Beet eine gewisse Leichtigkeit. Grünlaubiger spitzblättriger Spindelstrauch *(Euonymus japonicus)* bringt optische Ruhe in das Beet.

Standort: Sonnig.

Tipp: Durch die schmalen Metallsäulen, die den Stein über dem Beet »schweben« lassen, gewinnt man auf dem kleinen Grab mehr Platz für die Gestaltung mit Pflanzen. Die Tiefe, die diese Gestaltung auszeichnet, entsteht nicht nur durch die leichte Modellierung, sondern durch das Wechselbeet, das bewusst bis ins Grabzeichen hinein reicht. So eine Gestaltung erlaubt nur ein modernes Grabmal – zu dessen Auswahl gehört sicher ein gewisser Mut. Die modernen Satzungen der Friedhöfe schließen solche Grabzeichen aber nicht mehr aus. Die örtlichen Steinmetze wissen, was auf dem jeweiligen Friedhof machbar ist.

Für den Astronomen

Geschichte: Karl war leidenschaftlicher Astronom, er verbrachte viele Stunden in seinem eigenen kleinen Observatorium unter dem Dach seines Wohnhauses. Nach einem langen Leben sollte das Grab vor allem von seinem liebsten Hobby künden.

Grabzeichen und Gestaltung: Das Metallzeichen erinnert an eine Weltkugel. Die gesamte Gestaltung des flach angelegten Grabes zielt darauf ab, das Grabzeichen in Szene zu setzen. Große Gehölze, die einen Teil des Zeichens verdecken könnten, wurden daher bewusst nicht verwendet.

Dauerbepflanzung: Der Krusten-Steinbrech *(Saxifraga crustata)* mit dem silbergrauen Laub ist der Bodendecker auf dem frisch bepflanzten Grab. Ein kleiner Fächer-Ahorn *(Acer palmatum)*, Prachtspieren *(Astilbe-Arendsii-Hybriden)* und Purpurglöckchen *(Heuchera-Hybriden)* bilden die Rahmenbepflanzung.

Wechselbeet: Eis-Begonien *(Begonia-Semperflorens-Hybriden)* mit dunkelbraunem Laub nehmen die Farbe des Grabzeichens wirkungsvoll auf.

Standort: Halbschattig.

Tipp: Darauf achten, dass die Pflanzen auf dem Wechselbeet nicht zu groß werden, damit sich der beabsichtigte Eindruck einer strahlenförmigen Anordnung des Beetes nicht zu stark verwischt.

Für den Grünliebhaber

Geschichte: Der junge Mann starb nach kurzer, schwerer Krankheit. Freunde finanzierten dem Obdachlosen das einfach gestaltete Urnengrab. Im Tod, so ihre Meinung, sollte der Freund den festen Platz haben, den er im Leben nicht finden konnte. Nicht nur aus finanziellen Gründen wurden hier preiswerte und einfache Pflanzen gewählt – auch der Obdachlose lebte sehr einfach und mit wenig Geld, das spiegelt die Bepflanzung dieses Grabes wider.

Grabzeichen und Gestaltung: Das ungewöhnliche Zeichen in Form eines Blattes – das Blatt ist ein Symbol des Lebens – liegt in der Mitte des Grabes. Die Anlage ist flach gestaltet, die unterschiedlichen Höhen werden ausschließlich von den Pflanzen eingebracht.

Dauerbepflanzung: Mit dem Bruchkraut *(Herniaria glabra)* und dem Blauschwingelgras *(Festuca glauca)* wurden auf diesem Grab ausschließlich Stauden verwendet. Das Gras übernimmt in diesem Fall die Funktion der Rahmenbepflanzung.

Wechselbeet: Einfache weiße Eis-Begonien *(Begonia*-Semperflorens-Hybriden) setzen den blühenden Akzent im Sommer.

Standort: Halbschatten.

Tipp: Das Bruchkraut ist nicht langlebig. Frische Triebe bewurzeln sich aber so schnell, dass immer ein dichter grüner Teppich entsteht.

Für zwei Unzertrennliche

Geschichte: Clara B. und Peter D. waren viele Jahre ein Paar. Sie kannten sich bereits so lange sie denken konnten. Die Entscheidung für ein gemeinsames Grab fiel, als Clara von ihrer schweren Erkrankung erfuhr. Ihr Lebensgefährte überlebte nur um wenige Wochen.

Grabzeichen und Gestaltung: Das geteilte Grabzeichen ist das Symbol für die Unzertrennlichkeit dieses Paares. Die Gestaltung des kleinen Grabes mit dem großen Zeichen ist jedoch sehr schwierig, für die Pflanzen bleibt nur wenig Raum. Das Grab wurde flach angelegt.

Dauerbepflanzung: Efeu *(Hedera helix)* in einer grünen und einer gelbbunten Sorte ist der Bodendecker. Buchsbaum *(Buxus sempervirens)* und ein Fächer-Ahorn *(Acer palmatum)* bilden die Rahmenbepflanzung.

Frühlingsbepflanzung 1 : Eine Mischung aus groß- und kleinblumigen Stiefmütterchen *(Viola*-Wittrockiana- und *V.*-Cornuta-Hybriden), die farblich sehr schön abgestimmt ist, sorgt im Frühling für Farbe.

Sommerbepflanzung 2 : Weiße Hortensien *(Hydrangea)* und leuchtend rote Flammende Käthchen *(Kalanchoe)* setzen im Sommer kräftige Farbtupfer.

Herbstbepflanzung 3 : Violette Alpenveilchen *(Cyclamen)*, gelbe und orangefarbene Chrysanthemen *(Chrysanthemum*-Indicum-Hybriden), gelbe und rote Zierpaprika *(Capsicum),* Sommerheide *(Calluna vulgaris)* und zierliche Gräser sind die feine Mischung für das auslaufende Jahr.

Standort: Schatten.

Tipp: Der buntblättrige Efeu ist im Herbst nicht mehr zu sehen, weil er von der rein grünen Variante überwachsen wurde. Häufig brauchen die buntblättrigen Sorten etwas mehr Licht als die einfachen grünen Varianten.

Für zwei frisch Vermählte

Geschichte: Das frisch verheiratete Paar kam bei einem Flugzeugabsturz gemeinsam ums Leben. Diese tragische Geschichte sollte auf Wunsch der Angehörigen mit einer besonders ausgefallenen Grabgestaltung dokumentiert werden.

Grabzeichen und Gestaltung: Das Grabzeichen ist eine klassische Stele mit Figuren aus Bronze. Die Figuren und der Sinnspruch weisen auf das Paar hin. Das Grabzeichen steht mittig im hinteren Drittel des Grabes, die gesamte Anlage ist leicht modelliert. Bewusst wurde das Zeichen frei und ohne direkte Rahmenbepflanzung gelassen, damit es besonders gut zur Geltung kommt. Die blau schillernden Steine sind ein ungewöhnliches Material. Sie stehen als Symbol für den Schmerz und die Kälte, die Angehörige und Freunde bei Bekanntwerden der traurigen Nachricht überkamen. Außerdem symbolisiert die Farbe Blau die Treue.

Dauerbepflanzung: Der Zwerg-Schachtelhalm (*Equisetum scirpoides*) bildet die ungewöhnliche Rahmenbepflanzung. Dazu setzt Schlangenbart (*Ophiopogon planiscapus* 'Niger') mit dunklem Laub einen farblich schönen Akzent. Als Bodendecker sind in kleinen Tuffs eingestreut: Sternmoos (*Sagina subulata*), der Krusten-Steinbrech (*Saxifraga crustata*), Hauswurz (*Sempervivum*) und Teppich-Sedum (*Sedum spurium*). Große Glasbrocken, die für den harten Bruch im Leben des Paares stehen, ergänzen die Bodendecker.

Wechselbeet: Auf dem blau-weißen Sommerbeet wachsen Mini-*Phalaenopsis*, cremefarbene gefüllte Flammende Käthchen (*Kalanchoe*), blaue Männertreu (*Lobelia erinus*) und blauviolette Glockenblumen (*Campanula*).

Standort: Halbschattig.

Tipp: Die exotischen *Phalaenopsis*-Orchideen fühlen sich im Sommer im Freien ausgesprochen wohl, sie vertragen allerdings keinen Frost!

Für eine Naturliebhaberin

Geschichte: Sigrid S. war Mutter in einem Kinderdorf. Ihr ganzes Leben widmete sie der liebevollen Erziehung der ihr anvertrauten Kinder. In ihrer knapp bemessenen Freizeit streifte sie gern durch die heimatlichen Wälder.

Grabzeichen und Gestaltung: Das hölzerne Grabzeichen dokumentiert die Leidenschaft der Verstorbenen für den Wald und die Natur. Das Zeichen des A + O ist das Symbol für Anfang und Ende des Lebens. Ein Teil dieses Zeichens wurde mit der Form des Saisonbeetes in der Gestaltung aufgenommen. Das gesamte Grab ist flach angelegt.

Dauerbepflanzung: Porzellanblümchen *(Saxifraga umbrosa)* und die kleinblättrige Japanische Stechpalme *(Ilex crenata)* wurden als Bodendecker verwendet. Mit seiner Blüte wird das Porzellanblümchen im Frühsommer einen besonderen Akzent auf dem Grab setzen. Als Rahmengehölz dient die langsam wachsende Kletter-Hortensie *(Hydrangea petiolaris)*. Sie wird sich mit den Jahren langsam um das Grabzeichen schlingen.

Wechselbeet: Flammende Käthchen *(Kalanchoe)* in drei Farben bilden das sommerliche Wechselbeet. Diese Farbtöne passen besonders gut zum Grabzeichen.

Standort: Sonnig.

Tipp: Kletter-Hortensien wachsen extrem langsam und sie lassen sich bei Bedarf willig schneiden – gute Voraussetzungen für die Grabbepflanzung.

Für den Pflanzenfreund

Geschichte: Der Verstorbene war passionierter Pflanzenkenner und -sammler. Sein besonderes Augenmerk galt seinem Steingarten. Elemente aus diesem Gartenbereich, so der Wunsch der Ehefrau, sollten sich auf dem Grab wiederfinden.

Grabzeichen und Gestaltung: Das Grabzeichen wurde asymmetrisch in das hintere Drittel des Grabes gerückt. So entstand viel Raum für ein breites Beet. Auf eine ausgeprägte Rahmenbepflanzung wurde bewusst verzichtet.

Dauerbepflanzung: Für optische Ruhe sorgt der Spindelstrauch *(Euonymus fortunei* 'Minimus') als Bodendecker. Unterschiedliche Steinbrech- *(Saxifraga)* und Hauswurzarten *(Sempervivum)* wurden auf dem Beet mit Felssteinen und kleinem Zwerg-Wacholder *(Juniperus squamata* 'Blue Star') kombiniert.

Frühlingsbepflanzung 1: Die rostroten kleinblumigen Stiefmütterchen *(Viola*-Cornuta-Hybriden) setzen die ersten Farbtupfer des Jahres.

Sommerbepflanzung 2: An dieser Pflanzensammlung hätte auch der Verstorbene seine Freunde gehabt. Blauer Salbei *(Salvia nemorosa)*, violette Schleifenblumen *(Iberis saxatilis)*, rosa Eisenkraut *(Verbena*-Hybriden) und gelbe Flammende Käthchen *(Kalanchoe)* geben sich im Sommer ein Stelldichein.

Herbstbepflanzung 3: Auf dem modernen Herbstbeet wurde gepflanzt, gesteckt und gelegt. Violette Chrysanthemen *(Chrysanthemum-Indicum*-Hybriden) sorgen für Farbe, die intensiv gefärbte Blautanne ist gesteckt und die dunklen Steinplättchen sind gelegt.

Standort: Sonnig.

Tipp: Wenn die Chrysanthemen verblüht sind, füllt man die Lücken mit Blautanne oder Steinchen auf und hat ein perfektes Winterbeet.

Man sieht
nur
mit dem
Herzen
gut

Pflanzenauswahl für Urnengräber

Nicht alle der bekannten Gewächse für die Grabbepflanzung lassen sich auch für die kleinflächigen Urnengräber verwenden. Die Auswahl an dekorativem Grün und farbenfrohen Blühern ist aber trotzdem sehr groß.

Überlegte Pflanzenverwendung auf kleinen Gräbern

Pflanzen, die langsam wachsen und von Haus aus kompakt bleiben, sollten bei der Bepflanzung von Urnengräbern erste Wahl sein. Vorsicht ist beim Einkauf immer dann geboten, wenn Gehölze oder Stauden sehr preisgünstig angeboten werden – oft verbergen sich hinter diesen Angeboten flotte Wachser, die nicht auf Urnengräber passen. Da unsere Hausgärten immer kleiner werden, haben sich auch die Züchter von Gehölzen mittlerweile darauf eingestellt: Immer mehr kompakte Formen von Kiefer, Eiche und Co. sind in den letzten Jahren auf den Markt gekommen. Sie eignen sich sehr gut für die Gestaltung von Urnengräbern. Das gilt auch für die Zierformen der Obstbäume, die zurzeit häufig angeboten werden. Sie bereichern das Grab mit ihrer Blüte und ihrem schönen Laub. Die kleinen harten Früchte sind im Spätsommer und Herbst ebenfalls dekorativ.

Für die Saisonbepflanzung bieten sich Pflanzen in Miniaturausgabe an. Stiefmütterchen, Petunien oder Alpenveilchen werden, um nur ein paar Beispiele zu nennen, während der Saison auch als Minipflanzen angeboten. Sie passen von den Proportionen her zum einen besser auf die kleinen Gräber, zum anderen kann man mit vielen kleinen Pflanzen Beete abwechslungsreicher gestalten als mit wenigen großen Gewächsen. Bereits mit den großen Erdballen stößt man bei der Bepflanzung eines Urnengrabes schnell an Grenzen. Pflanzen, die nicht klein bleiben, müssen durch Schnitt im Zaum gehalten werden.

Vor allem Bodendecker wie der Spindelstrauch *(Euonymus)* oder die Felsenmispel *(Cotoneaster)* lassen sich auf diesem Weg sehr gut an das Format der kleinen Gräber anpassen.

Vorsicht ist jedoch immer beim Schnitt von Nadelgehölzen geboten. Nur die Eibe lässt sich wirklich willig schneiden, alle anderen quittieren die Korrektur mit der Schere mit Unwillen. Die meisten Laubgehölze vertragen den Schnitt gut, einige wie zum Beispiel Rhododendron lassen sich gar »auf den Stock setzen«, also bis knapp über den Erdboden zurück schneiden und treiben doch schnell wieder aus.

Andere Pflanzenqualität

Für die Bepflanzung von Gräbern verwenden Fachleute eine grundsätzlich andere Pflanzenqualität als die herkömmliche. Vor allem für Gehölze, die als Bodendecker eingesetzt werden sollen, gilt: Je jünger und wüchsiger die Pflanzen sind, desto schneller bilden sie den gewünschten grünen Teppich auf dem Grab.

Topfballen mit einem Durchmesser von 5 cm oder weniger sind bei der Friedhofsgärtner-Qualität durchaus gängig. So erklären sich die Mengen von 25, 30 oder mehr Pflanzen pro Quadratmeter, die für Friedhofsgärtner völlig normal sind. Gehölze in klassischer Qualität sind für diese Zwecke zu stark verholzt. Sie lassen sich nicht mehr formen und nur mit sehr großem Aufwand in einen feinen und dichten Bodendecker verwandeln.

Passender Standort

Immer wieder gibt es Probleme bei der Grabpflege, weil vor allem bei der Dauerbepflanzung Gewächse verwendet wurden, die nicht zum Standort passen. Die meisten Pflanzen sind recht tolerant, sie kommen zum Beispiel in der Sonne wie im Halbschatten zurecht oder sie begnügen sich mit Halbschatten und Schatten. Doch wer etwa den Schatten liebenden Rhododendron in die volle Sonne setzt und ihn dann nicht ständig wässert, muss sich nicht wundern, wenn die Pflanze vor sich hin kümmert. Viele schöne Nadelgehölze mit sehr dekorativen Grüntönen verlieren im Schatten schnell an Farbe. Nur wenn ausreichend Licht, wie im Halbschatten oder noch besser in der Sonne, zur Verfügung steht, behält zum Beispiel der Blaue Zwergwacholder auch auf Dauer seine schöne Nadelfarbe.

Stimmige Saisonbepflanzung

Bei der Frühlings- und Herbstbepflanzung des Saisonbeetes spielt die Lage des Grabes dagegen keine so große Rolle, weil das Licht zu beiden Jahreszeiten noch nicht oder bereits nicht mehr so intensiv ist, dass es die Pflanzen stark beeinflussen kann. Im Sommer ist das anders. Dann sollte darauf geachtet werden, dass nur die Gewächse auf das Saisonbeet kommen, die zum Standort passen.

MEIN RAT

Nur wenn die Pflanzenauswahl zum Standort passt, wird man auf Dauer an gesunden und leicht zu pflegenden Pflanzen Freude haben. Es lohnt sich deshalb, nichts zu überstürzen und die Lage des Grabes intensiv und möglichst auch zu verschiedenen Tages- und Jahreszeiten zu beobachten. Wer dazu keine Zeit hat und schnell pflanzen möchte, fragt einen Fachmann wie den Friedhofsgärtner um Rat – in der Regel kennen die örtlichen Gärtner die Lagen der Gräber auf den Friedhöfen.

Stiefmütterchen und Gänseblümchen gedeihen problemlos auf fast allen Standorten.

Geeignete Bodendecker

Stachelnüsschen

   5 –

Das Stachelnüsschen *(Acaena buchananii)* gehört zu den flach wachsenden, knapp 10 cm hohen Stauden mit schönem graugrünem Laub. Gelegentlich sieht man die Sorte 'Kupferteppich' auf Gräbern – sie hat sehr dunkelgrünes, an die

Farbe von Kupfer erinnerndes Laub. Die pflegeleichte Pflanze scheint ein wenig aus der Mode gekommen zu sein, denn leider sieht man sie nicht mehr allzu oft. Dabei hat sie aus Sicht des Pflegenden zwei große Vorteile: Stachelnüsschen brauchen keinen Schnitt und sie vertragen durchaus auch trockene Perioden gut. Zu viel Nässe, vor allem im Winter, führt bei den Pflanzen aber zu starker Fäulnis. An Tropfstellen, zum Bespiel unter großen Bäumen, sollte man sie deshalb lieber nicht pflanzen. Auch eine Winterabdeckung macht keinen Sinn, in nassen Wintern kann sie die Fäulnis sogar fördern. Die schönste Farbe hat die reine Art in der vollen Sonne. 'Kupferteppich' verblasst im Halbschatten leicht, ist aber trotzdem noch dekorativ.

Im Mai bilden sich die unscheinbaren Blüten der Pflanze, denen bald die dekorativen Früchte folgen, die dem Stachelnüsschen den Namen gaben. Im Herbst sollte man die eingetrockneten Stiele auszupfen – mehr Pflege wird kaum verlangt. Dank kleiner Ausläufer bildet das Stachelnüsschen schnell einen dichten Teppich auf dem Grab. Diese Ausläufer wachsen gelegentlich auch über den Rand hinweg, dann schneidet man sie einfach mit einer Schere ab oder man sticht bei Gräbern ohne Einfassung die Kante einmal im Jahr mit einem Spaten oder einer scharfen Handschaufel ab.

25 bis 30 Pflanzen/m² braucht man für die Erstbepflanzung. Wie alle Stauden ist es als

Die kleinen stacheligen Früchtchen gaben dem Stachelnüsschen seinen Namen, hier die beliebte Sorte 'Kupferteppich'.

Bodendecker nicht ganz so ausdauernd wie die kleinen Gehölze – doch der geringe Aufwand bei der Pflege und das hübsche Erscheinungsbild von Pflanze und Früchten machen dieses kleine Manko leicht wieder wett.

Katzenpfötchen

    5–6 6

Im Mai und Juni ist das knapp 6 cm hohe Katzenpfötchen *(Antennaria dioica)* der Star auf dem Friedhof: Dann erscheinen an kurzen Stielen die rosa Blüten dieser Staude. Die Pracht hält leider nur wenige Wochen an, doch der Effekt ist unvergleichlich. Mit dem schönen silbergrauen Laub, mit dem die Pflanze schnell eine dichte Decke bildet, ist das Katzenpfötchen aber das ganze Jahr über ein dekorativer Bodendecker mit dem sich sehr schöne Gestaltungen erzielen lassen.

Katzenpfötchen sind ausdauernd, wenn der Standort und die Bodenverhältnisse stimmen: Die Lage sollte sonnig, warm und nicht zu feucht sein, der Boden muss mager und durchlässig sein. Auf reinem Sand kommt die Staude aber nicht zurecht, ein wenig Humus muss der Untergrund enthalten. Die Grunddüngung im Frühjahr kann man bei diesem Bodendecker getrost vergessen. Wird die Staude mager und am passenden Standort kultiviert, ist sie selbst in sehr kalten Lagen winterfest. Eine Winterabdeckung ist für das Katzenpfötchen Gift – unter dem Reisig beginnen die Pflanzen schnell zu faulen.

Der Schnitt des Katzenpfötchens erfolgt direkt nach der Blüte. Nur wenn Verblühtes entfernt wird, bestocken sich die Pflanzen wieder neu und der dichte Blattteppich bleibt auf Dauer erhalten. Eine Höhenregulierung muss man dabei nicht vornehmen, es werden lediglich die Blütentriebe gestutzt. Bei der Neuanlage braucht man 15 bis 20 Pflanzen/m², damit der Boden schnell bedeckt wird. Da das Katzenpfötchen zurückhaltend wächst, ist selbst an den Rändern des Grabes nur selten ein Eingriff notwendig. Falls doch, schneidet man einfach Überstehendes ab.

Katzenpfötchen beeindrucken im Frühsommer mit ihren rosa Blüten, das silbriggrüne Laub bildet dazu einen schönen Kontrast.

Zwergmispel

   6 6 + 8

Die maximal 10 cm hohe Zwergmispel *(Cotoneaster dammeri)* ist der Klassiker unter den Bodendeckern. Der Grund dafür ist einfach: Kaum ein Gehölz lässt sich so willig schneiden und kaum eines wird bei dieser Behandlung ohne Probleme bis zu 15 Jahren alt. Gelegentliche Trockenheit im Sommer toleriert die Zwergmispel ebenso wie strenge Fröste im Winter. Eine Abdeckung braucht sie in der kalten Jahreszeit nicht wirklich, doch wer den dekorativen Aspekt der gesteckten Zweige schätzt, kann die Zwergmispel abdecken. Man schadet dem Gehölz damit nicht, es hält diese Behandlung problemlos aus.

Die Zwergmispel ist bei vielen Menschen in Verruf geraten, weil sie zwei Mal im Jahr geschnitten werden sollte, um die gewünschte dichte Fläche zu erhalten. Wer sich diese Mühe sparen will, wählt für das Urnengrab die extrem kleinwüchsige Sorte 'Cooper', die kaum Schnitt braucht. Doch auch bei den klassischen Sorten mit etwas mehr Wuchs und etwas größerem Laub ist der Schnitt kein Hexenwerk: Im Juni und August schneidet man mit einer Schere einfach die jungen frischen Triebe auf das gewünschte Niveau zurück. Auch wenig geübten Gärtnern bereitet das keine Schwierigkeiten. Damit zwingt man die Zwergmispel, ständig neue Triebe zu bilden. Unterbleibt der Schnitt, bilden sich schnell holzige Triebe, die sich nur noch schwer zähmen lassen.

Bei einer Neuanlage braucht man 15 bis 20 Pflanzen/m², bei der Sorte 'Cooper' dürfen es gern noch ein wenig mehr sein, weil sie extrem langsam wächst. Beim Pflanzen darauf achten, dass die weichen Triebe wie ein kleines Netz gleichmäßig über den Erdboden verteilt werden. Damit die Triebe besser in der gewünschten Position bleiben und schnell neue Wurzeln bilden, heftet man sie am besten mit speziellen Drahtnadeln am Boden an. Diese Mühe lohnt sich, denn so bekommt man schnell eine dichte Fläche, durch die kein Wildkraut mehr wachsen kann.

Die Zwergmispel gehört zu den sehr beliebten und ausdauernden Bodendeckern. Auch für Urnengräber ist sie gut geeignet, da sie sich kompakt halten lässt.

Spindelstrauch

    6 + 8

Der Spindelstrauch *(Euonymus fortunei)* gehört zu den vielseitigsten und anspruchslosesten Bodendeckern. Da sich das kleine Gehölz willig schneiden lässt, ist es auch für Urnengräber sehr gut geeignet. Am Spindelstrauch gefällt vor allem das schöne Laub, das bei einigen Sorten sogar zweifarbig ist: 'Emerald 'n' Gold' hat gelb-grüne Blätter und bei 'Emerald Gaiety' sind sie creme-grün gemustert. In fast jedem Jahr tauchen neue Farbvarianten auf, doch wer sicher gehen will, hält sich an die bewährten Sorten. Zu denen gehört auch die sehr kleinwüchsige Sorte 'Minimus'. Sie wird nur knapp 15 cm hoch und bildet drahtige Triebe, die sich gut mit einer einfachen Schere schneiden lassen. Spindel-sträucher finden sich häufig auch in der Herbst-bepflanzung – dann wird in aller Regel aber der spitzblättrige *Euonymus japonicus* verwendet, der bei uns nicht sicher winterhart ist.

Spindelsträucher, die – wenn man sie lässt – auch klettern, sollten als Bodendecker zweimal im Jahr geschnitten werden. Dabei entfernt man alle hervorstehenden Triebe bis zum gewünschten Niveau. Da die kleinen Gehölze relativ weiches Laub haben, ist es wichtig, alle Schnittreste sorgfältig vom Grab zu entfernen, zum Beispiel mit einer kleinen weichen Bürste.

Bei einer Neuanlage pflanzt man 15 bis 20 Pflanzen/m², wird 'Minimus' verwendet, sollten es sogar 30 Pflanzen/m² sein. Spindel-sträucher werden nach dem Pflanzen nicht mit Drahtnadeln an den Boden geheftet. Deshalb ist es wichtig, beim Pflanzen jede Reihe so zu versetzen, dass in der nächsten Reihe immer die Lücken der vorhergehenden gefüllt werden.

Die genannten Spindelsträucher sind bei uns winterhart, sie brauchen auch keine Abdeckung. Allerdings kann es vorkommen, dass sich das Laub nach sehr kalten Tagen rötlich färbt. Das ist jedoch kein Grund zur Sorge, sondern eine Reaktion der Pflanzen auf die Kälte. Der Effekt wächst sich binnen weniger Tage im Frühjahr wieder aus.

'Minimus' gehört zu den besonders kleinen Varianten des vielseitigen Spindelstrauches und empfiehlt sich daher gerade für die kleinen Urnengräber als Bodendecker.

Efeu

 ◐ – ● 🍃 ✿ – ✂ 6 + 8

Efeu *(Hedera helix)* ist ein Klassiker für die Bepflanzung von Gräbern. Auch für die kleinen Urnengräber eignet sich der Klettermaxe. Allerdings gibt es eine fast unüberschaubare Zahl an Sorten – eben diese Vielfalt ist die Crux an der Geschichte. Soll Efeu verwendet werden, muss zum einen der Standort stimmen, damit man auf Dauer Freude an der Pflanze hat, zum anderen muss die passende Sorte zum Einsatz kommen.

Sorten mit schön gemustertem Laub brauchen zum Beispiel etwas mehr Licht als die rein grünen Varianten, um auf Dauer dekorativ zu bleiben. Ohne fachliche Beratung durch ortskundige Friedhofsgärtner sollte Efeu nicht verwendet werden, weil sich die Sorten und ihre Reaktion auf die lokalen Klima- und Boden-

verhältnisse extrem stark unterscheiden. Bei der Wahl der falschen Sorte sind Ärger und viel Aufwand bei der Pflege vorprogrammiert. Wer sich gut beraten ließ, bekommt mit dem Efeu aber einen pflegeleichten Bodendecker. Beim Schnitt werden zweimal pro Jahr vor allem zu lange Ranken eingekürzt und die Grabränder mit Schere oder Spaten begradigt. Tauchen gelegentlich zu lange Triebe auf, kann man sie vorsichtig in die Pflanzendecke einflechten.

Je nach Sorte werden vom Efeu 15 bis 20 Pflanzen/m² gepflanzt. Da Efeu willig neue Wurzeln an den Trieben bildet, werden die Ranken nach dem Pflanzen mit Drahtnadeln am Boden befestigt. Efeu ist von Haus aus ein Gewächs des Waldrandes. Starke Hitze und Trockenheit erträgt er nur mit Mühe, zu viel Feuchtigkeit in Form von ständigem Tropfwasser mag er aber auch nicht. Dann werden die schönen herzförmigen Blätter sehr anfällig für hartnäckige Pilze. Deshalb sollten diese Standorte gemieden werden.

Efeu gehört zu den Klassikern unter den Bodendeckern, es gibt ihn in vielerlei Sorten. Allerdings sind nur die kleinblättrigen für Urnengräber geeignet.

Japanische Stechpalme

   6 + 8

Die Japanische Stechpalme (*Ilex crenata*) gehört zu den neuen Pflanzen im Bodendeckersortiment. Mit knapp 10 cm Höhe und den feinen kleinen Blättchen eignet sich diese Variante der Stechpalme sehr gut für Urnengräber. Viele Menschen sehen sie als Ersatz für Buchsbaum an, der inzwischen häufig von einem extrem aggressiven Pilz befallen wird und daher auf dem Friedhof nicht mehr so gerne verwendet wird.

Im Gegensatz zum Buchsbaum ist die Japanische Stechpalme aber ein Gewächs für den Schatten und Halbschatten. Die Pflanze ist robust und pflegeleicht und lässt sich willig schneiden. Eines verträgt sie aber keinesfalls: Trockenheit. Wer sein Grab nicht zuverlässig bewässern kann und dazu noch einen leichten Boden vorfindet, sollte sich diese Wahl genau überlegen. Einmal

ausgetrocknet, bestockt sich die Japanische Stechpalme nicht mehr. Dann hilft nur noch, die Pflanzen zu roden. Große Vorteile der Japanischen Stechpalme sind der langsame Wuchs und die gute Schnittverträglichkeit. Beim Schnitt werden auch bei ihr die jungen Triebe so eingekürzt, dass die gewünschte ebene Fläche entsteht. Weil sich die Japanische Stechpalme so gut schneiden lässt, sieht man sie häufig auch als Formgehölz – kleine Varianten eignen sich natürlich auch für Urnengräber.

Bei der Neuanlage eines Grabes werden 25 bis 30 Pflanzen/m² gebraucht. Die Pflanzen werden nicht genadelt, sondern recht dicht gepflanzt. Im ersten Standjahr kann es sinnvoll sein, häufiger zu schneiden, damit sie sich von Anbeginn schön und dicht aufbauen. Mit 'Golden Tips' oder 'Golden Gem' sind Sorten mit gelbgrünem Laub im Sortiment, die sehr dekorativ aussehen, aber nicht in den vollen Schatten gepflanzt werden sollten.

Mit den kleinen rundlichen Blättern erinnert die Japanische Stechpalme an Buchsbaum, sie ist aber weniger empfindlich gegen Pilzerkrankungen, braucht jedoch eine schattige Lage.

Rebhuhnbeere

   4 + 5 8

Mit der Rebhuhnbeere *(Mitchella repens)* ist noch eine Neuheit im Sortiment der Bodendecker, die sich sehr gut für Urnengräber eignet. Die kleinen Gehölze bilden weiche Triebe, die sich flach und ohne weitere Hilfe auf dem Boden ausbreiten. Der dichte Teppich erreicht eine Höhe von knapp 5 cm, viel Aufwand beim Schnitt ist dabei nicht notwendig. Im Mai und Juni macht die Rebhuhnbeere mit kleinen rosa Blüten auf sich aufmerksam. Ihnen folgen ab September leuchtend rote Früchte, die oft bis zum nächsten Jahr hängen bleiben. Allzu üppig ist dieser Fruchtschmuck, der sich zudem gern unter den Blättern versteckt, allerdings nicht.

Mit 30 Pflanzen/m² sollte eine Neuanlage bestückt werden, um schnell zu einer geschlossenen Oberfläche zu kommen. Wie bei Zwergmispel und Efeu kann man lange Triebe mit Drahtnadeln an den Boden heften und so für eine zusätzliche Bewurzelung sorgen. Vor allem in den ersten Wochen nach dem Pflanzen auf eine ausreichende Wasserversorgung achten. Eingewachsene Bestände ertragen in Notfällen gelegentliche Trockenheit.

Wer nicht gern schneidet, ist mit der Rebhuhnbeere sehr gut bedient. Der Schnitt im Spätsommer beschränkt sich im Wesentlichen auf das Einkürzen von zu langen Trieben und auf das Begradigen der Grabränder. Die Rebhuhnbeere wächst recht langsam – auch deshalb ist sie für kleine Gräber so gut geeignet. Am wohlsten fühlt sie sich übrigens in einem leicht feuchten und leicht sauren Boden. Die Rebhuhnbeere gehört in die Familie der Heidegewächse und schätzt daher die gleichen Bedingungen, die beispielsweise auch der Rhododendron liebt.

Die Rebhuhnbeere blüht im Frühsommer mit kleinen hellrosa Blütchen, denen im Spätsommer leuchtend rote Früchte folgen, die lange an den Pflanzen haften.

Schlangenbart

   – –

Der Schlangenbart *(Ophiopogon japonicus)* erinnert mit seinen lanzettlichen Blättern mehr an ein Gras als an eine Staude. Das knapp 5 cm hohe Grün ist sehr belastbar und es wächst an Standorten, die sonst kaum eine Pflanze toleriert. Der Platz unter einem großen Baum, mit viel Wurzeldruck und Trockenheit, macht dem Schlangenbart ebenso wenig aus wie ein sehr dunkler Platz. Da die Pflanzen extrem langsam wachsen, sind sie leider recht teuer, doch die Anschaffung lohnt, weil sie sehr ausdauernd und wirklich einfach zu pflegen sind.

Mit mindestens 30 Pflanzen/m² sollte man rechnen, um eine Bedeckung der Fläche zu erreichen. Der Schlangenbart verbreitet sich durch kleine Ausläufer, die aber nicht wuchern, sondern sich so langsam wie der Rest der Pflanze entwickeln. Pflege braucht er kaum. Wer einen robusten Bodendecker sucht und eine schattige Lage bieten kann, bekommt mit dem Schlangenbart ein fast unverwüstliches Gewächs. Mit der Zeit bildet sich auf dem Boden eine dichte Matte, die auch einen Tritt klaglos erträgt.

Ein wenig allergisch reagiert der Schlangenbart auf starken Frost ohne Schneedecke. In seiner ostasiatischen Heimat überwintert er unter einer Laubdecke, bei uns schätzt er eine Abdeckung aus Reisig. Ohne zeigt die Staude gelegentlich gelb verfärbte Blattspitzen. Doch diese Färbung wächst sich recht schnell wieder aus.

Neben der rein grünen Variante ist eine Form mit nahezu schwarzen Blättern im Sortiment: *Ophiopogon planiscapus* 'Niger'. Da sie sehr dunkel wirkt, sollte sie vor allem an sehr lichtarmen Standorten nur vorsichtig verwendet werden.

Der eigenwillige Schlangenbart wächst extrem langsam und bildet im Lauf der Zeit durch Ausläufer dichte Matten, die an Rasen erinnern.

Sternmoos

   5–6 –

Das Sternmoos *(Sagina subulata)* sieht man häufig auf Kindergräbern. Doch auch für Urnengräber ist die kleine, knapp 3 cm hohe Staude geeignet. Die einzelne Pflanze ist nicht besonders ausdauernd. Aber aus der Basis heraus bilden sich immer wieder neue Pflanzen, sodass der dichte grüne Teppich immer erhalten bleibt. Dieses neue Bestocken kann man fördern, indem man die Fläche mit einem kleinen Brett zwei- oder dreimal im Jahr andrückt – das Sternmoos liebt den Bodenschluss und bildet nach dieser Behandlung noch schneller Wurzeln.

Für eine Neuanlage rechnet man mit mindestens 30 Pflanzen/m². In der Regel wird Sternmoos in Viereck-Töpfen kultiviert, bei einer guten Qualität ist die gesamte Oberfläche des Topfes bedeckt. Dann setzt man auch auf dem Grab ein grünes Quadrat neben das andere und hat sofort nach dem Pflanzen eine fast geschlossene grüne Decke. Neben der dunkelgrünen Variante gibt es auch eine mit gelblichem Laub, die jedoch selten zu finden ist. Wer das Glück hat, auf sie zu stoßen, kann mit beiden Farben Muster bilden.

Sternmoos verträgt keine ständige Feuchtigkeit, dann beginnen die feinen Triebe schnell zu faulen. Deshalb ist eine Winterabdeckung bei dieser Staude nicht sinnvoll. Mit ihr würde man mehr Schaden anrichten, als Nutzen erzielen. Saisonbeete auf Gräbern, die mit Sternmoos bepflanzt sind, sollten so angelegt sein, das die einjährigen Pflanzen nicht über den Bodendecker wachsen. Auch an diesen Stellen muss man sonst mit Fäulnis rechnen. Kleine Schadstellen kann man leicht selbst ausbessern, indem man an unauffälliger Stelle ein kleines Stück der Pflanze aussticht und es dann wie einen Flicken einsetzt. Die Reparaturstelle wird man in wenigen Wochen kaum noch erkennen können. Die weitere Pflege beschränkt sich auf das gelegentliche Begradigen der Ränder und auf das Entfernen von Wildkräutern, die sich ab und zu durch dünner werdende Stellen arbeiten.

Sternmoos gibt es in zwei verschiedenen Grüntönen, mit denen sich aus gestalterischer Sicht viel Abwechslung schaffen lässt.

Teppich-Thymian

   5–6 –

Der Teppich-Thymian *(Thymus serpyllum)* ist mit seinen knapp 5 cm hohen Polstern sehr gut für Urnengräber geeignet. Da er die Wärme mag und durchlässige Böden durchaus schätzt, ist er auch eine gute Alternative für Lagen mit leichten Böden. Dieser kleine Thymian mit den duftenden Blättern ist allerdings nicht für die Menschen geeignet, die Wert auf eine absolut einheitliche und flache Fläche legen – die bietet der Teppich-Thymian mit seiner Tendenz zur leichten Polsterbildung nicht. Außerdem treibt er gern einmal mit einem leichten Gelbstich aus, der sich aber im Laufe des Jahres wieder verliert. Flächen mit Teppich-Thymian sehen deshalb immer recht lebendig aus, das sollte bei seiner Wahl bedacht werden.

Mit 25 bis 30 Pflanzen/m² bekommt man schnell eine dichte Decke auf den Boden. Da der Thymian die Wärme schätzt, sollte man ihn am besten im späten Frühjahr, wenn keine starken Fröste mehr zu befürchten sind, pflanzen. Beim Kauf auf gut abgehärtete Ware achten, sonst sind Probleme mit Fäulnis zu befürchten. Staunässe mag der Teppich-Thymian nicht, deshalb unbedingt auf einen durchlässigen Boden, der auch ein wenig sandig sein darf, achten.

Thymian braucht keinen Schnitt. Wem die dezente Polsterbildung aber einmal doch zu weit geht, der stutzt die höchsten Hügel mit einer einfachen Schere zurück. Gelegentlich sollten die Ränder begradigt werden – mehr Pflege braucht diese Pflanze nicht.

Sehr starke Fröste ohne Schneeauflage verträgt der Gast aus dem Mittelmeerraum nicht immer gut. Eine leichte Winterabdeckung, die aber nicht zu dicht sein sollte, um Fäulnis vorzubeugen, kann deshalb in gefährdeten Regionen sinnvoll sein. Während der Blütezeit wird der Thymian intensiv von Bienen besucht. Wer gegen die Stiche dieser Insekten allergisch ist, sollte im Frühsommer entweder genug Abstand zu den Blüten halten oder sich die Wahl noch einmal überlegen.

Der Teppich-Thymian überzeugt mit duftendem Laub und einer ausgesucht schönen Blüte, die das Grab mit einer violetten Decke überzieht.

Zierliche Rahmenbepflanzung

Die Rahmenbepflanzung für die kleinen Urnengräber muss im wahrsten Sinne des Wortes im Rahmen bleiben. Kleine Stauden und Gräser eignen sich ebenso wie die klassischen Gehölze, die sich dank Schnitt im passenden Format halten lassen. Bei der Wahl von Stauden und Gehölzen ist unbedingt auf die Größe des Laubes zu achten. Zu große Blätter passen nicht auf die kleinen Gräber, sie würden die beste Gestaltung ruinieren.

Gräser

Seggen *(Carex)*, Marbeln *(Luzula)* oder der Blauschwingel *(Festuca glauca)* gehören zu den Gräsern, die nicht allzu hoch werden. Mit 40 cm Höhe, inklusive Blütenstand, passen

Das hohe Gras stellt die Verbindung zwischen Bepflanzung und Grabzeichen her.

sie auch auf kleine Gräber. Oft sind Gräser auf Urnengräbern als Rahmenbepflanzung die beste Wahl: Sie wirken leichter und eleganter als viele Gehölze und machen immer eine sehr gute Figur. Für praktisch jeden Standort und jeden Boden gibt es das passende Gras. Bei der Auswahl ist fachliche Beratung wichtig. Nur wenn der Standort passt, werden diese Stauden lange leben. Dabei sind sie sehr pflegeleicht: Nur bei den Gräsern, die nicht wintergrün sind, schneidet man im Frühjahr den gesamten Blattschopf kurz über den Boden zurück, um Platz für frisches Grün zu machen.

Farne

Unter den Freilandfarnen gibt es eine ganze Reihe, die sich auch für kleine Gräber eignet. Immer dann, wenn schattige und feuchte Standorte vorhanden sind, sollte man über die Pflanzung eines Farnes nachdenken. Ganz gleich, ob man sich für den wintergrünen Hirschzungenfarn *(Asplenium)* oder den sich durch Ausläufer verbreitenden, wintergrünen Tüpfelfarn *(Polypodium)* entscheidet, Farne sind auf Gräbern nach wie vor etwas Besonderes. Dabei sind sie am passenden Standort pflegeleicht: Lediglich vergilbte Wedel müssen gelegentlich abgeschnitten werden. Neben den wintergrünen Farnen gibt es einige gut geeignete sommergrüne Arten, die in jedem Frühjahr mit ihrem bizarren Austrieb für Aufmerksamkeit sorgen. Dazu gehört zum Beispiel der aparte Perlfarn *(Onoclea)*.

Fächer-Ahorn

Der Fächer-Ahorn *(Acer palmatum)*, den es in vielen verschiedenen Sorten gibt, gehört zu den beliebtesten Gehölzen für die Grabbepflanzung. Mit seinem zurückhaltenden Wuchs passt er auch auf Urnengräber. Die Pflege beschränkt sich beim Fächer-Ahorn auf das Entfernen des abgeworfenen Laubes im Herbst. Ein regelmäßiger Schnitt ist nicht notwendig, er würde nur dazu beitragen, die schöne Wuchsform dieses Ahorns zu beeinträchtigen. Wenn er doch einmal zu groß wird, kann man Ende Februar störende Zweige vorsichtig entfernen. Was den Standort anbelangt, ist der Fächer-Ahorn recht tolerant. Allerdings ist die Farbe des Laubes an hellen und sonnigen Plätzen deutlicher schöner, als an dunkleren. Wie alle Gehölze wird der Fächer-Ahorn am besten im Herbst gepflanzt.

Fächer-Ahorne setzen mit ihrem schön gefärbten Laub deutliche Akzente.

Berberitze

Berberitzen *(Berberis thunbergii)* sind auf Gräbern immer noch selten zu sehen – dabei passen vor allem die kleinwüchsigen Sorten mit Höhen von 30 bis 60 cm sehr gut auf Urnengräber. Viele Menschen scheuen vor den schönen Pflanzen mit den intensiven Laubfarben wegen der Dornen zurück. Doch vor ihnen kann man sich bei der Pflege mit Handschuhen schützen. Als Extra bieten die meisten Sorten noch eine sehr schöne Herbstfärbung ehe das Laub vor dem Winter abfällt. Eigentlich mögen Berberitzen feuchte Böden, doch auch mit gelegentlichen Trockenperioden kommen sie zurecht. Sie sind anspruchslos und unter unseren Bedingungen ohne Probleme winterhart. Berberitzen sieht man häufig auch als Hecken, sie lassen sich gut in Form schneiden.

Kleinwüchsige Berberitzen passen sehr gut auf Urnengräber.

Muschel-Scheinzypresse

    6+8

Die Muschel-Scheinzypresse *(Chamaecyparis obtusa* 'Nana Gracilis')* gehört zu den Nadelgehölzen, die ohne Bedenken auf jedes kleine Grab passen. Allerdings sollte bei der Gestaltung das intensiv dunkle Grün der Pflanzen berücksichtigt werden. Wählt man dazu noch einen dunkellaubigen Bodendecker und ein dunkles Grabzeichen, kann das Ganze schnell zu düster wirken. Das ist aber auch das Einzige,

was beim Einsatz der kleinen Muschel-Zypresse beachtet werden muss.

Sie wächst langsam, wird sehr alt und ist absolut pflegeleicht. Wegen des langsamen Wachstums haben die Pflanzen allerdings ihren Preis. Doch denkt man an das lange Leben, das sie auf dem Grab haben werden, lohnt sich die Investition in dieses schöne Gehölz für die Rahmenbepflanzung. An zu dunklen und zu feuchten Standorten werden sich diese Zypressen nicht gut entwickeln. Dort verliert das Laub schnell seine schöne Farbe. Außerdem neigen die Nadeln dann zum Abfallen und die Pflanzen verkahlen.

Dunkelgrüne Muschel-Scheinzypressen sorgen hier für Struktur im Hintergrund des Grabes.

Teppich-Hartriegel

   6 –

Der Teppich-Hartriegel *(Cornus canadensis)* gehört zu den kleinen Gehölzen, die sich schnell wie eine flache Matte von bis zu 20 cm Höhe ausbreiten. Vor allem an Standorten mit leicht feuchten Böden fühlt sich der kleine Hartriegel wohl. Wie die meisten Hartriegel-Varianten beeindruckt er im Juni mit schönen cremeweißen Scheinblüten, denen später rote Beerenfrüchte folgen. Diese Blütenpracht sollte in die Gestaltung mit einbezogen werden, weil sie sehr auffällig ist. Der Teppich-Hartriegel verbreitet sich mit Ausläufern, auf die man bei einem Urnengrab hin und wieder ein Auge werfen sollte. Was zu sehr außer Rand und Band gerät, wird mit der Schere abgeschnitten oder mit dem Spaten entfernt. Mehr Pflege braucht der Teppich-Hartriegel aber nicht.

Spindelstrauch

    6 + 8

Spindelsträucher *(Euonymus fortunei)*, mit ihren vielen schönen Sorten, eignen sich auch sehr gut für die Rahmenbepflanzung eines Urnengrabes. Sie lassen sich einfach und willig schneiden – das macht sie für diesen Einsatz so interessant. Außerdem sind ständig viele Sorten auf dem Markt, man muss also nicht lange nach ihnen suchen. Beim Kauf ist es wichtig, die passenden zu wählen. Entscheidet man sich für solche, die man auch als Bodendecker einsetzt, kann man nichts verkehrt machen. Die meisten Spindelsträucher klettern, wenn sie dazu Gelegenheit bekommen. So können sie mit der Zeit, wenn es gewünscht ist, zum Beispiel an der Grabstele emporklettern und so eine schöne Verbindung zwischen Bepflanzung und Grabzeichen schaffen. Häufig sieht man die schönen Spindelsträucher an Plätzen im Schatten – doch diese Lage wird den Pflanzen nicht gerecht. Auch die schönsten zweifarbigen Sorten vergrünen an diesen Standorten schnell. Das ist schade, denn die Vielfalt der Laubzeichnungen ist es, die für die Spindelsträucher spricht. Für Schattenplätze deshalb am besten grüne Varianten wählen.

Strauch-Efeu

    –

Der Strauch-Efeu *(Hedera helix* 'Arborescens') ist nichts anderes als die Altersform des bekannten Klettermaxen. In die Jahre gekommen,

klettert dieser Efeu nicht mehr intensiv, sondern er wächst einfach langsam in die Höhe. Das macht ihn auch für Urnengräber interessant. Wer nach einer eleganten Pflanze sucht, die nicht allzu hoch wird, bekommt mit dem Strauch-Efeu eine schöne und pflegeleichte Lösung an die Hand. Mittlerweile sind verschiedene Sorten im Handel, die sich in der Regel durch die Größe der Blätter unterscheiden. Der Strauch-Efeu ist ebenso anspruchslos wie die kletternde Variante, auch er mag keine ständige Trockenheit und Hitze. Eine besondere Pflege braucht er nicht.

Der aufrecht wachsende Strauch-Efeu dient als Einfassung des Grabzeichens.

Japanische Stechpalme

    6+8

Die Japanische Stechpalme *(Ilex crenata)* eignet sich nicht nur als Bodendecker, aus ihr lassen sich auch sehr schöne Gehölze für die Rahmenbepflanzung formen. Da sie sehr langsam wächst, haben schön geformte Pflanzen aber ihren Preis. Allerdings können sich an ihr selbst Einsteiger in Sachen Formschnitt versuchen.

Die Japanische Stechpalme braucht außer den beiden Schnitten pro Jahr keine besondere Pflege. Sie schätzt aber leicht feuchte Standorte und reagiert auch auf kurzfristige Trockenheit äußerst allergisch – ist der Schaden einmal passiert, ist die Pflanze in der Regel nicht mehr zu retten. Wer die gewünschte Feuchtigkeit nicht auf Dauer gewährleisten kann, sollte von diesem Gehölz lieber Abstand nehmen.

Schattenglöckchen

  3–5 5

Das Schattenglöckchen *(Pieris japonica)* lässt sich nach der Blüte im Mai ohne Probleme zurückschneiden. Da vor allem die jungen Triebe schön sind und auch sie es sind, die die Blüten bringen, kann man Schattenglöckchen gut auf Urnengräbern verwenden. In den letzten Jahren ist das Schattenglöckchen wegen hartnäckigen Schädlingsbefalls in Verruf geraten. Doch diese Probleme bekommt man mit der eigentlich pflegeleichten Pflanze nur dann, wenn der Standort nicht stimmt. Wie es der deutsche Name bereits andeutet, mag das Schattenglöckchen halbschattige und schattige Plätze, außerdem reagiert es allergisch auf Trockenheit. Ist der Boden noch leicht und durchlässig, hat man für dieses schöne Gehölz den optimalen Platz.

Die Japanische Stechpalme dient hier als zweiter, gelbgrüner Bodendecker und als Formgehölz.

Das Schattenglöckchen schmückt sich mit rötlich gefärbten Blättern am jungen Austrieb.

Zwerg-Kiefer

   4 – 5 5

Die Zwerg-Kiefer *(Pinus mugo)* gehört zu den Nadelgehölzen, die langsam wachsen und mit wenig Pflege auskommen. In den letzten Jahren haben sich die Züchter dieser kleinen Kiefern angenommen, neue Sorten sind in Zukunft zu erwarten. Wer die schöne silbriggrüne Laubfarbe erhalten will, sollte sie allerdings an einen sonnigen Platz setzen. Der Boden muss durchlässig sein, ständige Nässe vertragen Zwerg-Kiefern nicht. Mit einem kleinen Trick kann man das Wachstum, das von Haus aus bis maximal 100 cm reicht, zusätzlich begrenzen: Dazu den jungen Austrieb im Mai einfach um die Hälfte einkürzen. Binnen weniger Wochen bilden sich neue, kürzere Triebe und die Kiefer wird immer kompakter.

Polster-Primel

   3 – 4 –

Zur Familie der Primeln gehört die nur knapp 5 cm hohe Polster-Primel *(Primula juliae).* Die schönen kleinen Stauden gefallen im Frühjahr mit ihren üppigen leuchtenden Blüten. Dann setzen sie einen besonderen Akzent, der bei der Gestaltung mit bedacht werden sollte. Wie alle Primeln verträgt die Polster-Primel keine Trockenheit, sie mag lehmige und gehaltvolle Böden und kommt auch mit feuchten und kühlen Standorten zurecht. Die Polster-Primel breitet sich durch Ausläufer aus, doch deren Wachstum ist im Vergleich zu anderen Gewäch-

sen dezent. Aus den Pflanzen lassen sich kleine Hecken bilden oder man setzt sie in Linien als Einfassung oder zur Strukturierung der Fläche ein. Das funktioniert mit der kleinen Primel auch auf Urnengräbern.

Auch andere Primeln, die sogar im Sommer blühen, passen gut auf Urnengräber. Eine davon ist die Kugel-Primel *(Primula denticulata)*, die im Frühsommer mit Blütenkugeln aufwartet. Ihre Standortansprüche sind identisch.

Von den langsam wachsenden Zwerg-Kiefern gibt es viele attraktive Sorten.

Rhododendron

   4 – 5  5 + 2

Rhododendren, von denen sehr viele Hybriden auf dem Markt sind, eignen sich prima für kleine Gräber. Allerdings sollten die schwach wachsenden Varianten bevorzugt werden. Doch auch unter ihnen ist die Sortenvielfalt so groß, dass bei den Blütenfarben kaum Wünsche offen bleiben. Rhododendren mögen feuchte, saure und humose Böden, sie sind Moorbeetgewächse und haben ähnliche Standortansprüche wie die Heidearten oder das Schattenglöckchen. Diese ausgesucht schönen Laubgehölze gehören auch wegen ihrer Anspruchslosigkeit zu den Klassikern für die Grabgestaltung. Pflege brauchen sie kaum, sieht man vom Ausbrechen der typischen Blütenstutze nach dem Flor ab. Im Februar kann man Rhododendron zudem bedenkenlos schneiden.

Rhododendren lassen sich gut schneiden und in kleinem Format halten.

Rosen

   5 – 10 2 – 3

Rosen als Symbolpflanzen der Liebe finden sich auf vielen Gräbern. Häufig bereiten sie Probleme, die jedoch fast immer dem falschen Standort geschuldet sind: Rosen sind Kinder der Sonne, wer sie in den Halbschatten pflanzt, muss mit Problemen rechnen.

Für Urnengräber kommen vor allem schwach wachsende Bodendecker-, Zwerg-, und Beetrosen sowie Historische Rosen in Frage. Da sich alle Rosen vor dem neuen Austrieb bis auf wenige Zentimeter zurückschneiden lassen, lässt sich ihre Größe anpassen. Qualitätszeichen wie das »ADR«-Prädikat empfehlen robuste Sorten. Dieses Siegel bekommen nur Rosen verliehen, die in harten Tests ihre Gesundheit unter Beweis gestellt haben.

Hier ziert eine Historische Rose mit stark gefüllten Blüten das kleine Grab.

Weide

   3 – 5 2

Weiden (Salix) eignen sich vor allem als veredelte Stämmchen für die Bepflanzung von Urnengräbern. Dann hängen die eleganten Triebe sehr dekorativ herunter. Diese Pflanzenform ist ein Symbol der Trauer und deshalb auf Gräbern so beliebt. Weiden lassen sich im Nachwinter sehr gut und willig schneiden, daher muss man sich um ihre Größe kaum Gedanken machen. In der Regel handelt es sich bei den Stämmchen zudem um schwach wachsende Unterlagen, auf die langsam wachsende Edelreiser gepropft wurden. Vorsicht ist bei buntblättrigen Sorten angesagt: Sie sind nicht ganz so winterfest wie die grünen Varianten. Wer einen sehr kalten, frostgefährdeten Standort bepflanzen möchte, sollte deshalb von den bunten Weiden Abstand nehmen.

Weiden sind als Symbole der Trauer auf dem Friedhof gefragt.

Eibe

   – 6 + 8

Kein Nadelgehölz lässt sich so willig schneiden und formen wie die Eibe (Taxus baccata). Außerdem gilt sie seit alters als Symbol des Todes – kein Wunder also, dass man auf Gräbern sehr viele Eiben sieht. Für Urnengräber eignen sich vor allem die schwach wachsenden Sorten. Zu erkennen sind sie am gedrungenen Wuchs und an den relativ kleinen Nadeln. Beteiligen sich Kinder an der Grabpflege, sollten die giftigen Eiben nicht verwendet werden.

Eiben nehmen mit fast jedem Standort vorlieb, auch längere Trockenheit vertragen sie relativ gut. Sie lassen sich auf Urnengräbern nicht nur für die Rahmenbepflanzung verwenden, auch als Bodendecker oder ausdrucksstarkes Formgehölz können sie zum Einsatz kommen.

Kugeln aus Eibe setzen als Rahmenbepflanzung Akzente auf diesem Grab.

Saisonbepflanzung rund ums Jahr

Start in den Frühling

Jede Jahreszeit bietet ihre speziellen Pflanzen-Highlights. Im Frühjahr sorgen besonders Zwiebelblumen und Zweijährige für Farbe auf dem Grab.

Gänseblümchen

  10–15 N

Gänseblümchen *(Bellis perennis)* werden in einigen Regionen auch »Maßliebchen« oder »Tausendschön« genannt. Ganz gleich wie man die kleinen Pflanzen nennt – sie gehören zu den wichtigen Frühlingsblumen. In den letzten Jahren haben die Züchter viele neue Sorten auf den Markt gebracht, darunter sind intensiv gefüllte Blüten ebenso wie einfach blühende, die ebenfalls ihren Charme haben. Immer entwickeln sich die Blüten in kleinen Tuffs aus der flachen Blattrosette. Wer Gänseblümchen im Rasen hat, weiß, dass die Pflanzen sehr ausdauernd sein können. Von Haus aus haben sie einen zweijährigen Lebensrhythmus, werden auf Gräbern aber wie einjährige Pflanzen behandelt. Gänseblümchen sind pflegeleicht und lassen sich ohne Probleme mit den anderen Frühlingsblühern kombinieren.

Weiße Gänseblümchen verleihen diesem Saisonbeet einen kontrastreichen Rahmen und lassen das Blau der Vergissmeinnicht aufleuchten.

Vergissmeinnicht

 15–20 N

Das leuchtende Blau der Blüten und der schöne deutsche Name machen Vergissmeinnicht *(Myosotis sylvatica)* so begehrt. Es gibt diese klassischen Frühlingsblüher auch mit weißen und rosa Blüten, doch Blau in verschiedenen Varianten ist und bleibt die Hauptfarbe. Vergissmeinnicht gehören nicht zu den besonders ausdauernden Frühlingsblühern, doch wenn die Pracht vergangen ist, zieht man die Pflanzen einfach aus dem Beet und lässt die Lücken zum Beispiel von Stiefmütterchen überwachsen. Gerade weil Vergissmeinnicht nicht so lange blühen, werden sie am besten mit anderen Frühlingsblumen kombiniert. Trockene und heiße Standorte tragen mit dazu bei, dass ihre Lebensdauer verkürzt wird, sie mögen feuchte Böden und tiefere Temperaturen.

Osterglocke, Narzisse

  15–30 N

Ostern wäre ohne Narzissen *(Narcissus pseudo-narcissus)* kaum denkbar. Auch wenn die Osterglocken, wie die meisten Zwiebelblumen, nicht sehr lange blühen, kann man mit ihnen auf dem Grab doch sehr schöne frühlingshafte Akzente setzen. Am besten werden vorgetriebene Narzissen gepflanzt, die in zwei bis drei Wochen zur vollen Blüte kommen. Wegen der recht kurzen Blütezeit werden sie gern mit anderen Frühlingsblühern kombiniert. Ist die Blütenpracht vergangen, zieht man die Zwiebeln einfach aus dem Beet. Das bereitet wenig Mühe und ist alles an Pflege, was Narzissen verlangen. Mehr Wirkung kann man mit weniger Aufwand kaum bekommen. Mit anderen Zwiebelblumen wird auf Gräbern im Frühling ebenso verfahren.

Stiefmütterchen

  10–20 N

Bei den Stiefmütterchen stehen gleich zwei verschiedene Größen zur Verfügung: Die großblumigen Stiefmütterchen *(Viola-*Wittrockiana-Hybriden)* sind die Klassiker, kleinblumige Stiefmütterchen oder Hornveilchen *(Viola-*Cornuta-Hybriden)* sind noch recht neu auf dem Markt. Da die Kleinen aber sehr dankbar blühen und auch launisches Frühlingswetter und starke Hitze mit ihrer Blütenpracht problemlos vertragen, setzen sie sich mehr und mehr durch. Für kleine Gräber sind sie am besten geeignet.

Doch auch mit einer Kombination aus großen und kleinen Formen lassen sich ganz einfach schöne Effekte erzielen. Bei den Farben lassen beide Formen kaum noch Wünsche offen – zahlreiche Nuancen sind im Angebot, einfarbig, mehrfarbig oder mit »Gesicht«. Mittlerweile gibt es sogar Sorten mit gekrausten Blütenblättern.

Narzissen sind die Osterblumen schlechthin und Stiefmütterchen haben sich als unverzichtbare Frühlingsklassiker etabliert.

Blütenreicher Sommer

Eine große Auswahl an attraktiven Blühern steht für die Sommerbepflanzung zur Verfügung. Da sie lange stehen bleibt, muss der Standort passen.

Begonien

Begonien in unterschiedlichen Arten und Sorten haben sich für die sommerliche Grabbepflanzung bewährt. Der Grund dafür ist einfach: Alle sind ausdauernd, pflegeleicht und – mit Ausnahme der Knollen-Begonien – auch hitzeverträglich. Hinzu kommt, dass Begonien in ihren dicken Stielen und Blättern ein wenig Wasser speichern, kürzere Durststrecken überstehen sie

Eis-Begonien (links) gehören zu den unverzichtbaren Blühern für die Sommerbepflanzung.

deshalb ohne Probleme. Wärme und Trockenheit ist für Begonien immer weniger problematisch als ständige Feuchtigkeit und Kälte. Vor allem Elatior-Begonien können in kalten und feuchten Sommern versagen. Für die Bepflanzung von Urnengräbern kommen von den vielen verschiedenen Begonien-Arten drei in Frage. Nicht verwendet werden sollten Park-Begonien, sie werden für Urnengräber einfach zu groß.

Eis-Begonie

  ↑ 15 – 30 ☞ N

Eis-Begonien *(Begonia-*Semperflorens-Hybriden) sind aus der sommerlichen Grabbepflanzung nicht wegzudenken. Sie vertragen auch extrem heiße Standorte, dann muss allerdings eine gute Wasserversorgung gewährleistet sein. Im Sortiment sind Sorten mit einfachen und mit gefüllten Blüten sowie Varianten mit grünem und mit braunem Laub. Braunlaubige Eis-Begonien vertragen halbschattige Standorte besser als die grünlaubigen. In der Sonne tun sich Sorten mit dunklem Laub gelegentlich etwas schwerer. Sorten mit den sehr dekorativen gefüllten Blüten sind generell etwas empfindlicher als die mit einfachen Blüten.

Alle Eis-Begonien sind aber willige Wachser, deren Länge auf Urnengräbern begrenzt werden muss. Dazu werden die Pflanzen im Sommer einfach um zwei Drittel ihrer Länge zurück geschnitten. Dann sieht das Beet zwar für eine oder zwei Wochen ein wenig mitgenommen aus, dafür bekommt man danach wieder schöne und kompakte Pflanzen bis weit in den

Herbst hinein. Kaum eine Sommerblume lässt sich auf dem Grab so gut zurechtstutzen wie die Eis-Begonie. In manchen Regionen sind die kleinen Blühwunder übrigens auch als »Ewige Liebe« oder »Tausendschön« bekannt. Weitere Pflegemaßnahmen brauchen die kleinen Begonien nicht.

Elatior-Begonie

 20–40 **N**

Elatior-Begonien sind im Zimmer ein Klassiker. Bestimmte Sorten wachsen jedoch auch im Freiland sehr gut. Sie unterscheiden sich äußerlich nicht von denen fürs Zimmer. Für Urnengräber sollten Minipflanzen gewählt werden. Sie passen von der Größe her besser auf die kleinen Gräber. Beim Kauf vor allem auf kompakte Ware achten, die nicht auseinanderfällt. Elatior-Begonien vertragen keinen Frost, sie sollten deshalb am besten erst ab Ende Mai gepflanzt werden. In nassen und sehr kalten Sommern können die Pflanzen versagen. Zur Pflege regelmäßig Verblühtes ausputzen – mehr Ansprüche stellen Elatior-Begonien nicht.

Knollen-Begonien

  15–30 **M**

Knollen-Begonien (*Begonia*-Tuberhybrida-Hybriden) gehören zu den Begonien die den Halbschatten schätzen und auch noch im Schatten zurechtkommen. An heißen und zu sonnigen Standorten bereiten sie wenig Freude. Die mo-

dernen Sorten sind gesund, vorbei sind die Zeiten als Knollen-Begonien vor allem durch starken Mehltaubefall auf sich aufmerksam machten. Im Sortiment sind mittlerweile einfache, gefüllte und auch zweifarbige Blüten – diese Auswahl lässt keine Wünsche offen.

Beim Pflanzen muss das ausgeprägte »Gesicht«, das typisch für Knollenbegonien ist, beachtet werden. Die ersten Blätter zeigen immer in die Richtung, in die auch die erste Blüte zeigt. Später verwächst sich dieser Effekt, doch beim Pflanzen sollte man ihm Aufmerksamkeit zollen. Zur Pflege reicht es, regelmäßig Verblühtes auszuputzen, das ist vor allem bei den gefüllt blühenden Varianten wichtig.

Elatior-Begonien werden in vielen Farben und Formen angeboten. Sie lieben schattigere Plätze.

Zauberglöckchen

Zauberglöckchen *(Calibrachoa*-Hybriden) sind die kleinen Varianten der bekannten großblumigen Petunien – und diese Neuheit ist bestens für ein Urnengrab geeignet. Zauberglöckchen wachsen flach, sie breiten sich aus, anstatt in die Höhe zu wachsen. So bilden sie schnell dichte und lange blühende Polster. Eine besondere Pflege brauchen sie nicht, weil Verblühtes immer wieder von neuen Blüten und Trieben überwachsen wird. Und wird doch einmal ein Zauberglöckchen zu lang, stutzt man es einfach auf die gewünschte Höhe zurück. Die Pflanzen brauchen eine gewisse Temperatur, um sich zu entwickeln, deshalb können sie in kalten Sommern versagen – dann beeindrucken Zauberglöckchen mehr mit ihrem Grün als mit Blüten.

Zauberschnee

Hinter dem deutschen Namen »Zauberschnee« verbirgt sich die *Euphorbia*-Hybride 'Diamond Frost', gelegentlich ist sie auch als 'Silver Fog' im Handel zu finden. Das kleine Wolfsmilchgewächs blüht den ganzen Sommer lang mit feinen weißen Blüten, die die gesamte Pflanze wie mit einem Schleier überziehen.

Als einzelne Pflanze ist Zauberschnee unscheinbar, erst in der Kombination mit zum Beispiel Begonien zeigt das Gewächs, was es kann. Da es zurückhaltend wächst, ist es auch für kleine Gräber geeignet. Beim Kauf sollte man sich nicht von der eigenwilligen Pflanzengestalt, die mitunter als sparrig zu bezeichnen ist, abschrecken lassen: Zauberschnee lässt sich gut formen. Dazu einfach die Triebe zusammenfassen und so ins Beet einsetzen wie man sie haben möchte.

Zauberglöckchen zeigen auf diesem Beet, was sie können. Sie wachsen in die Breite, statt in die Höhe.

Fuchsie

◑–● ⬆ 15–25 ☞ N

Fuchsien sind neben den Knollenbegonien die Klassiker für schattige Plätze. Sie vertragen allerdings auch Hitze, sofern sie ausreichend mit Wasser versorgt werden. Trockenheit wird von Fuchsien nur schwer ertragen. Für Urnengräber eignen sich vor allem die kompakt wachsenden, modernen Sorten sowie die hängenden Varianten, die wie ein blühender Teppich über das Beet gezogen werden können. Fuchsien sollten nicht zu dicht gepflanzt werden, weil sonst in regnerischen Jahren die Gefahr besteht, dass die kleinen Gehölze zu faulen beginnen. Fuchsien sind pflegeleicht, in der Regel putzen sie sich selbst. Lediglich bei Sorten mit dichtgefüllten Blüten sollte hin und wieder Verblühtes vom Grab abgesammelt werden, weil es sonst hässliche Flecken auf Laub und Bodendeckern hinterlassen kann.

Schleifenblume

☼–● ⬆ 10–15 ☞ N

Die Schleifenblume *(Iberis umbellata)* ist eine schöne Lösung für alle, die nach einem Gewächs mit feiner weißer Blüte suchen, das nicht ganz so hoch wird. Dabei bietet die Schleifenblume nicht nur reines Weiß, es gibt sie auch in verschiedenen blauen, violetten und rosafarbenen Tönen. Die Pflanzen sind pflegeleicht, sie blühen bis weit in den August hinein. Danach bauen sie allerdings ab, deshalb pflanzt man sie am besten nicht allein, sondern zusammen mit anderen, langlebigeren Pflanzen. Dann vermittelt das Beet auch noch im Spätsommer und Frühherbst den gewünschten blühenden Eindruck. Mit Schleifenblumen kann man übrigens auch Muster pflanzen und Ränder betonen, weil sie mit Beginn der Blüte nur noch wenig in die Höhe wachsen.

Rote Fuchsien bekamen einen Rahmen aus rosa Eis-Begonien, Zauberschnee füllt die Lücken.

Weiße Schleifenblume, blaue Männertreu und die Kanonenblume bilden dieses Sommerbeet.

Fleißiges Lieschen

    ↑ 15–20   N

Fleißige Lieschen *(Impatiens walleriana)* gibt es als hoch wachsende und als kompakte Varianten. Letztere sind für die Sommerbepflanzung von Urnengräbern sehr gut geeignet, deshalb beim Kauf unbedingt auf die passenden Sorten achten. Die Pflanzen machen ihrem deutschen Namen alle Ehre, sie blühen bis weit in den Herbst hinein unermüdlich. Sollten sie für das Urnengrab doch zu hoch werden, kann man die Lieschen im Sommer einfach um zwei Drittel zurück schneiden. Sie bauen sich nach dieser Behandlung schnell wieder neu auf und blühen dann bis zum ersten Frost. Frost vertragen die Gäste aus Südamerika allerdings nicht, deshalb sollten sie auch erst ab Ende Mai gepflanzt werden. Weitere Ansprüche an die Pflege stellen die Lieschen nicht.

Fleißige Lieschen gehören zu den besonders dankbaren Pflanzen.

Edel-Lieschen

   ↑ 15–20   M

Die Edel-Lieschen *(Impatiens*-Neuguinea-Gruppe) sind die großblumigen Verwandten der Fleißigen Lieschen. Allerdings lieben sie die Wärme und können auch an sonnigen Standorten eingesetzt werden. Für ein Urnengrab eignen sich Minipflanzen am besten. Sie wachsen nicht so stark und behalten bis in den Herbst hinein das schöne Format. Bei den Farben sind es vor allem die Pastelltöne, die für die Beliebtheit sorgen. Bei den Edel-Lieschen sollten gelegentlich die verwelkten Blüten abgesammelt werden, weil sie gern faulen und dann hässliche Flecken auf dem Grab hinterlassen. Wächst doch einmal eine Pflanze zu sehr in die Höhe, kann sie einfach gestutzt werden. Edel-Lieschen vertragen keinen Frost, sie dürfen nicht zu früh gepflanzt werden.

Edel-Lieschen gibt es auch als Minipflanzen, die für Urnengräber besonders gut geeignet sind.

Flammendes Käthchen

☼   ⬆ 15–20   ☞ **M**

Flammende Käthchen (*Kalanchoe*-Hybriden) gehören zu den Pflanzen, die absolut hitzeverträglich sind. Sie kommen selbst an sehr heißen Standorten zurecht, auf denen die meisten anderen Pflanzen schnell vergehen. Für Urnengräber müssen Minipflanzen verwendet werden, nur sie haben die passende Größe. Nach einigen Wochen legen die Käthchen eine Blühpause ein. Dann die gesamte Triebspitze entfernen, damit sich die Pflanzen wieder neu aufbauen können. In der Regel sorgt das Laub, das bei Hitze gern rötliche Ränder bildet, dann für den dekorativen Aspekt. Flammende Käthchen überstehen auch gelegentliche Durstperioden, sie vertragen keinen Frost und können in kalten und nassen Sommern selbst an passenden Standorten versagen.

Wandelröschen

☼–◐   ⬆ 20   ☞ **N**

Wandelröschen (*Lantana camara*) verdanken ihren deutschen Namen der Blütenfarbe, die sich mit dem Erblühen verändert. Die Pflanzen wachsen mehr in die Breite als in die Höhe. Mit dieser Eigenschaft sind sie auch für Urnengräber geeignet. Wandelröschen sind pflegeleicht, gelegentlich sollten alte Blütenstände entfernt werden, damit sich neue Triebe bilden. Die Pflanzen mögen die Wärme, sie kommen auch an sehr heißen Standorten gut zurecht. Ständige Feuchtigkeit und Kälte vertragen sie schlecht. Mitunter werden kleine Hochstämmchen angeboten, die den Mittelpunkt eines Beetes bilden können. Zu einem so ausdrucksstarken Gewächs reicht dann eine bescheidene Unterpflanzung mit einer Blattschmuckpflanze für ein perfektes Beet.

Flammende Käthchen wurden hier wirkungsvoll als bunte Farbmischung verwendet.

Wandelröschen in kräftigem Orange setzen den schönen Akzent auf diesem Urnengrab.

Gauklerblume

  15 N

Die Gauklerblume *(Mimulus × hybridus)* wirkt mit ihren bunten Blütenkelchen in den schönen Pastelltönen immer fröhlich und gut aufgelegt.

Topfrosen in Weiß und Rosa bilden die passende Ergänzung zur Rose im Grabzeichen.

Vermutlich hat das der sympathischen kleinen Pflanze den schönen deutschen Namen eingetragen. Die modernen Sorten, die sich im Wachstum zurückhalten, eignen sich sehr gut für kleine Gräber. Gauklerblumen sind so bunt und vielfältig, dass man sie am besten allein verwendet, in Gesellschaft mit anderen Pflanzen drohen die kleinen Blüher sonst zu versinken. Sie sind anspruchslos und brauchen keine besondere Pflege. Verblühtes wird einfach mit neuen Blüten überwachsen. In extrem kalten und nassen Sommern kann die bescheidene Schönheit allerdings versagen.

Topfrosen

 25 H

Topfrosen für die Kultur auf der Fensterbank gibt es in vielen Farben und Größen. Die kleinen eignen sich sehr gut für die Bepflanzung eines Urnengrabes an einem sonnigen Standort. Wer den nicht bieten kann, sollte sich nach Alternativen umschauen, weil Rosen Sonne und Wärme für ein gutes und gesundes Wachstum brauchen. Dazu verlangt die Königin der Blumen selbst im Miniformat noch einiges an Pflege: Verblühtes muss ausgeschnitten werden, sonst ist Fäulnis, die auf die gesamte Bepflanzung übergreift, schnell eine Gefahr. Andauernde Feuchtigkeit mögen die kleinen Rosen nicht, auch an Plätze unter großen Bäumen mit ständigem Tropfenfall sollte man sie nicht pflanzen. Solche Standorte fördern die Anfälligkeit für Pilzbefall und andere Krankheiten. Gelegentliche Trockenheit wird hingegen besser vertragen.

Studentenblumen

  20 M

Studentenblumen *(Tagetes patula)* sind mit ihrer kleinen Variante ebenfalls für Urnengräber geeignet. Immer sorgen die eigenwilligen Blüten mit dem schönen satten Gelb und der rostroten Musterung für Aufmerksamkeit. Studentenblumen blühen ständig nach, wenn der Samenansatz nicht geduldet wird. Deshalb regelmäßig Verblühtes vorsichtig ausbrechen. Die anspruchslosen Pflanzen vertragen gelegentliche Trockenheit wie auch ein wenig Nässe. In kalten und sehr nassen Sommern können aber auch sie versagen. Beim Kauf unbedingt auf die richtigen kompakten Sorten achten – es gibt sehr viele Studentenblumen, die für ein Urnengrab einfach zu hoch werden. Wer eine kleine blühende Hecke für einen Sommer sucht, kann sich ebenfalls dieser charmanten Blumen bedienen.

Eisenkraut

  15–25 M

Eisenkraut *(Verbena-*Hybriden) wurde züchterisch stark bearbeitet. Neue Sorten sind so kompakt, dass sie sehr gut auf Urnengräber passen. Außerdem sind die meisten tolerant gegenüber dem gefürchteten Mehltau. So steht der Verwendung der schönen Pflanzen, die in ausgesuchten Pastelltönen blühen, nichts mehr im Wege. Verblühte Blütenstände müssen entfernt werden, damit neue entstehen. Auf einem Urnengrab sollte zudem das Breitenwachstum beobachtet werden.

Gehen die Triebe, die von Haus aus mehr in die Breite als in die Höhe wachsen, zu sehr auseinander, kann man sie einfach stutzen. Eisenkraut mag die Wärme und kommt auch mit gelegentlicher Trockenheit zurecht. Ständige Nässe kann für Gesundheitsprobleme sorgen.

Rosafarbenes Eisenkraut spielt die Hauptrolle in dieser farbenfrohen Bepflanzung.

Sommerliche Blattschmuckpflanzen

Pflanzen wie das farbenfreudige Papageienblatt *(Alternanthera ficoidea)*, die Buntnessel *(Plectranthus scutellarioides)* oder die Kanonenblume *(Pilea cadierei)* – die wie ein kleiner hellgrüner Farn anmutet – gehören zu den Gewächsen mit besonders schönem Laub. Sie eignen sich sehr gut für die Ergänzung des Sommerbeetes. Mit solchen Blattschmuckpflanzen kann man unliebsame Lücken füllen, Ränder betonen oder Mus-

Elatior-Begonien harmonieren Ton in Ton mit dem niedrigen rötlichen Papageienblatt.

ter bilden. Sie sind genügsam und einfach zu pflegen. Das Papageienblatt lässt sich zudem noch durch regelmäßiges Stutzen zu einem dichten Teppich kultivieren – das macht es so beliebt. Die etwas höhere Buntnessel eignet sich eher als Mittelpunkt eines Beetes, die Kanonenblume ist die ideale kleinwüchsige Ergänzung zum Beispiel zu Elatior-Begonien.

Weitere Blattschmuckpflanzen, die sich ebenfalls für kleine Gräber eignen, sind die verschiedenen buntblättrigen Geranien *(Pelargonium-*Hybriden). Von ihnen gibt es eine Reihe schwachwüchsiger Sorten mit sehr schön gemusterten Blättern. Geranien in der normalen Größe sind für Urnengräber zu groß! Im Gegensatz zu den blühenden Geranien kommen die Blattschmuck-Sorten auch mit weniger Licht aus – sie zeigen ihre Schönheit auch noch im Halbschatten. Die meisten Sorten blühen nur sehr zurückhaltend, doch man pflanzt sie schließlich wegen der Schönheit ihres Laubes. Darüber hinaus lohnt sich ein Blick auf die Blattschmuckpflanzen, die im Herbst verwendet werden (siehe S. 91). Eine ganze Reihe von ihnen, wie zum Beispiel die verschiedenen Silberblätter sowie der farbenprächtige Günsel *(Ajuga reptans)*, haben mittlerweile ihre Sommertauglichkeit unter Beweis gestellt. Da Letzterer sich recht zügig ausbreitet, muss man ihm auf einem Urnengrab allerdings deutliche Grenzen setzen. Hin und wieder finden sich in Sommerbeeten außerdem noch gute alte Bekannte aus dem Zimmerpflanzen-Bereich: Die Grünlilie *(Chlorophytum comosum)* ist dafür ein Beispiel. Sie mag unsere sommerlichen Temperaturen im Freien sehr gern, ist aber sehr frostempfindlich und sollte nicht zu früh gepflanzt werden.

Farbintensiver Herbst

Ende September ist es meist Zeit für die Herbstbepflanzung, die bis zum Frost und teilweise bis in den Winter hinein für Farbe sorgt.

Besenheide

 15 – 30 N

Die Besen- oder Sommerheide *(Calluna vulgaris)* hat sich in den letzten Jahren auf den Herbstbeeten durchgesetzt. Für den Siegeszug sorgten die sogenannten »Knospenblüher«. Bei diesen Sorten geht die Blüte nicht mehr auf, aber sie behält ihre Farbe extrem lang und sie ist sehr wetterfest. Besenheide ist pflegeleicht, sie kann oft ohne Probleme bis zum Frühjahr auf dem Beet bleiben. Neben Sorten mit grünem Laub gibt es Varianten mit gelbgrünen oder braungrünen Nadeln mit denen sich schöne Muster pflanzen lassen. Beim Pflanzen darauf achten, dass die Topfballen nass sind. Später kommt die Heide mit relativ wenig Wasser zurecht, ganz austrocknen sollte sie jedoch nicht.

Alpenveilchen

  15 M

Mit ihren intensiv leuchtenden Blüten gehören Alpenveilchen *(Cyclamen persicum)* mittlerweile zum festen Sortiment für die Herbstbepflanzung. Für Urnengräber eignen sich vor allem die kleinblumigen Sorten, die in großer Vielfalt angeboten werden. Sie sind zudem robuster als ihre großen Schwestern. Zur Pflege einmal in der Woche vorsichtig die verblühten Blumen auszupfen. Dazu die Pflanze vorsichtig am Ballen festhalten und den Stiel mit einem leichten Ruck möglichst komplett entfernen. So wird Fäulnis, die sich sonst schnell ausbreiten kann, verhindert. Die Blüten der Alpenveilchen vertragen ein oder zwei Frostgrade, das schön gemusterte Laub ist in der Regel noch frostfester. Die Blütezeit reicht bis weit in den November hinein.

Besenheide mit weißen Blüten und gelbgrünem Laub wurde hier mit weißen Alpenveilchen kombiniert.

Schneeheide

☀–● ⬆ 15–30 ☞ N

Die Schneeheide *(Erica carnea)* ist eine alte Bekannte, die man immer wieder auf Gräbern als Rahmenbepflanzung findet. Doch das kleine Gehölz ist in letzter Zeit dank aktueller Züchtungen bei der Herbstbepflanzung zu neuen Ehren gekommen. Häufig blüht die Schneeheide im Herbst noch nicht oder kaum – doch das tut ihrer Schönheit keinen Abbruch. Hier sind es vor allem die schön gefärbten Nadeln und die kompakte, flache und runde Wuchsform, die die Schneeheide so attraktiv machen. Selbstverständlich übersteht sie den Winter, um dann zu blühen, wenn niemand mit Blüten rechnet: Ab Ende Dezember zeigen sich die ersten Blüten der Schneeheide, die dann ihrem Namen alle Ehre macht und oft bis weit in den Februar hinein mit Blüten für Aufmerksamkeit sorgt.

Die Schneeheide entfaltet ihre ganze Schönheit oft erst ab Januar.

Enzian

☀–● ⬆ 15 ☞ N

Mit dem Enzian *(Gentiana acaulis)* gibt es für die Herbstbepflanzung endlich das begehrte Blau. Die schöne Farbe zeigt Enzian jedoch nur an sonnigen Tagen, bei bedecktem Wetter und bei Regen bleiben die Blüten geschlossen. Deshalb wird Enzian vor allem in gemischten Beeten verwendet, dann fällt es bei den entsprechenden Wetterlagen nicht so auf, dass sich der Enzian gerade vor den Launen des Herbstwetters schützt. Enzian ist pflegeleicht. Wer gelegentlich Verblühtes vorsichtig ausbricht, wird lange Freude an den Pflanzen mit den schönen Blütenkelchen haben. Neben den blau blühenden sind auch rosa und weiß blühende Sorten zu haben. Sie können jedoch mit dem Blau – das übrigens die Lieblingsfarbe der meisten Menschen ist – nicht konkurrieren.

Leuchtend blauer Enzian sorgt in diesem Herbstbeet für einen kontraststarken Akzent.

Blattschmuckpflanzen im Herbst

Silberblatt *(Leucophyta brownii,* syn.: *Calocephalus brownii)* – auch Stacheldrahtpflanze genannt –, Silberblättriges Greiskraut *(Senecio cineraria),* Blauschwingel *(Festuca glauca),* Günsel *(Ajuga reptans)* und viele andere Pflanzen mit schönem Laub werden im Herbst zu den blühenden Pflanzen kombiniert. Darunter sind auch viele kleine Gehölze wie zum Beispiel die spitzblättrigen Varianten des Spindelstrauches *(Euonymus japonicus),* Skimmien *(Skimmia)* und Strauchveronika *(Hebe armstrongii).* Zur bunten Mischung der Blattschmuckpflanzen für den Herbst gehören dann noch Stauden wie der Salbei *(Salvia),* Farne sowie einige sukkulente (wasserspeichernde) Gewächse.

Die bunt gemischten Herbstbeete haben sich in der Praxis durchgesetzt, weil sie nicht nur schön aussehen, sondern viele der Pflanzen sogar den Winter überstehen und so dafür sorgen, dass das Saisonbeet immer bepflanzt ist. Wer mag, kann auf einem Urnengrab auch allein mit Blattschmuckpflanzen experimentieren. Damit die Mischung nicht zu bunt wird, lässt man die blühenden Pflanzen dann gleich weg oder beschränkt sich zum Beispiel auf ein oder zwei Chrysanthemen *(Chrysanthemum-*Indicum-Hybriden). Herbstbeete müssen nicht so farbenfroh wie Frühlings- und Sommerbeete sein. Grelle Farben passen einfach nicht zur Jahreszeit mit ihren warmen und weichen Tönen. Das Herbstbeet kann ruhig etwas dichter als die Frühlings- und Sommerbeete bepflanzt werden, denn in der kommenden, kühlen Jahreszeit wachsen die Pflanzen kaum und eine etwas dichtere Pflanzung beugt hässlichen Lücken vor. Wer mag, kann im Herbst darüber hinaus mit Blattschmuckpflanzen in Kombination mit gesteckten Zweigen arbeiten. So ergeben sich sehr schöne und haltbare Beete. Mit ein wenig Übung gelingt diese Art der Bepflanzung jedem.

Blattschmuckpflanzen spielen auf diesem Grab die Hauptrolle. In der herbstlichen Saisonbepflanzung unterstreicht das Silberblatt die weißen Alpenveilchen.

Adressen, die Ihnen weiterhelfen

Kontakte in Deutschland:

Aeternitas e. V.
Im Wiesengrund 57
53639 Königswinter
Tel.: 0 22 44/9 25 37
Fax: 0 22 44/92 53 88
E-Mail: aeternitas@t-online.de
www.aeternitas.de
(Verbraucherinitiative Bestattungs-
kultur, Informationen zu Satzun-
gen und Gebühren)

**Arbeitsgemeinschaft
Friedhofsgärtner-
Genossenschaften und
Treuhandstellen**
Godesberger Alle 142–148
53175 Bonn
Tel.: 02 28/8 10 02 44
Fax: 02 28/8 10 01 65
E-Mail: friedhofsgaertner@g-net.de
www.grabpflege.de
(Informationen zur Dauergrab-
pflege, Kontakt zur zuständigen
Genossenschaft oder Treuhand-
stelle)

**Arbeitsgemeinschaft Friedhof
und Denkmal e. V.**
Weinbergstraße 25
34117 Kassel
Tel.: 05 61/91 89 30
Fax: 05 61/9 18 93 10
E-Mail: info@sepulkralmuseum.de
www.friedhof-und-denkmal.de
(Museum für Sepulkralkultur;
Beratung zur Gestaltung von
Grabzeichen und Gräbern;
Zentralinstitut für Sepulkralkultur,
Fach-Bibliothek)

**Verein zur Förderung der
deutschen Friedhofskultur e. V.**
Robert-Koch-Straße 33
46325 Borken
Tel.: 01 60/2 57 89 30
Fax: 07 21/1 51 27 07 87
E-Mail: info@vffk.de
www.vffk.de
(Informationen und Materialien
zur Friedhofskultur in Deutschland)

Kontakt in Österreich:

**Bundesverband der Erwerbs-
gärtner Österreichs**
Haidestrasse 22
A-1110 Wien
Tel.: +43/(0)1/7 69 26 60
Fax: +43/(0)1/7 68 89 90
E-Mail: office@gartenbau.or.at
www.gartenbau.or.at

Kontakte in der Schweiz:

**Verband Schweizerischer
Gärtnermeister**
Forchstraße 287
CH-8008 Zürich
Tel.: +44/(0)3 88 53 00
E-Mail: info@gplus.ch
www.gplus.ch

Dauergrabpflege in der Schweiz
Stiftung PRO LUMINATE
Bahnhofstrasse 94
Ch-5000 Aarau
Tel. +44/3 88 53 33
Fax +44/3 88 53 40
www.proluminate.ch

Eine kleine Auswahl zum Weiterlesen:

**Paul G. Bahn (Herausgeber):
Gräber, Mumien und Gelehrte –**
auf Spurensuche mit Archäologen
Orbis Verlag 2002
ISBN 3-572-01362-3

**Marianne Beuchert:
Symbolik der Pflanzen –**
Symbolgehalt von 100 Pflanzen,
illustriert mit Aquarellen von
Maria-Theresia Tietmeyer
Insel Verlag 2004
ISBN 3-458-34694-5

**Heinz-Dieter Krausch
Kaiserkron und Päonien rot …,**
Die Entdeckung und Einführung
der bekanntesten Gartenblumen
dtv Verlag
ISBN 978-3-423-34412-8

**Lüder Nobbmann:
Stauden- und Gehölze in der
Grabgestaltung**
Ulmer 2003
ISBN 3-8001-3236-2

**Rainer Pause,
Martin Stankowski:
Tod im Rheinland –**
Betrachtungen rund um Sterben
und Tod
Kiepenheuer & Witsch 1995
ISBN 3-462-02473-6

**Ernst Strassacker KG
(Herausgeber):
Erinnerung an das Leben –**
Kinder entwerfen Grabmale
NWWP 2002
ISBN 3-9808485-0-7

**Clemens Zerling
Lexikon der Pflanzensymbolik –
Pflanzenverwendung, Herkunft
und Symbolik**
AT Verlag
ISBN 978-3-03800-218-5

Stichwortverzeichnis

Mein Dank

Fast alle in diesem Buch abgebildeten Urnengräber wurden im Rahmen von Landes- und Bundesgartenschauen im Wettbewerb der Friedhofsgärtner als Schaugräber gezeigt. Mein besonderer Dank gilt allen Friedhofsgärtnern, die sich regelmäßig an diesen Wettbewerben beteiligen. Ohne dieses Engagement wäre das Schreiben und Illustrieren dieses Buches kaum möglich gewesen.

Christiane James, Straelen im Sommer 2012

Über die Autorin

Christiane James machte eine Ausbildung zur Gärtnerin im Bereich »Zierpflanzenbau« und ein Volontariat bei einer gärtnerischen Fachzeitschrift. Danach leistete sie Presse- und Öffentlichkeitsarbeit für verschiedene Gartenschauen. Seit mehr als 15 Jahren beschäftigt sie sich intensiv mit dem Fachthema »Friedhofsgärtnerei«

Impressum

Bibliografische Information der Deutschen Nationalbibliothek

Die Deutsche Nationalbibliothek verzeichnet diese Publikation in der Deutschen Nationalbibliografie; detaillierte bibliografische Daten sind im Internet über http://dnb.d-nb.de abrufbar.

Bildnachweis
Florapress: 76l
Istock: 64
Reinhard: 84l
Strauss: 71r
Alle anderen: Christiane James

BLV Buchverlag
GmbH & Co. KG

80797 München

© 2012 BLV Buchverlag GmbH & Co. KG, München

Programmleitung Garten: Dr. Thomas Hagen
Lektorat: Ute Bauer
Herstellung: Hermann Maxant
Layout: Uhl + Massopust GmbH, Aalen

Gedruckt auf chlorfrei gebleichtem Papier

Printed in Germany
ISBN 978-3-8354-1016-9

Hinweis
Das vorliegende Buch wurde sorgfältig erarbeitet. Dennoch erfolgen alle Angaben ohne Gewähr. Weder Autoren noch Verlag können für eventuelle Nachteile oder Schäden, die aus den im Buch vorgestellten Informationen resultieren, eine Haftung übernehmen.

Zum Nachgestalten:
Planzvorschläge für jede Jahreszeit

Christiane James
Gräber schön gestalten
Gräber bepflanzen wie ein Profi · Konkrete Beispiele mit Pflanz-
plänen · Für alle Jahreszeiten, für verschiedene Stilrichtungen und
Standorte – mit Porträts der geeigneten Pflanzen.
ISBN 978-3-8354-0812-8